JN333936

くにこ ism《イズム》

猪口《いのぐち》邦子《くにこ》

西村書店

1歳ころ市川の自宅で

ブラジルに到着した日（左から4人め）

上智大学助教授のころ

世界に通用する学者になりたい
と願っていた

女性が国際政治を目指すのはまだ珍しかった（大学研究室にて）

シオン城で夫・猪口孝と（ジュネーブ大学のころ）

本郷に住んでいたころ

2005年9月、比例区東京ブロックから衆議院議員に初当選

第三次小泉改造内閣に、少子化・男女共同参画担当大臣として入閣

少子化対策について大臣答弁

ニッポン食育フェアに小泉純一郎首相(当時)と参加

環境省主催のCOOL BIZ
ファッションショーに、
孝と出演

ハン・ミョンスク韓国国務総理と会談

男女共同参画施策について、
日本学術会議より取材を受ける

「チャレンジド・ジャパン・フォーラム国際会議」に出席（左から3人め）

総理特使としてトリニダード・トバゴにてマニング首相と会談

国連のアナン事務総長と
国連第一回小型武器中間会合議長として会談

堺屋太一さんと、少子化対策などについて対談

東アジア男女共同参画担当大臣会合に参加した各国代表

くにこism《イズム》——目次

3章　戦争と平和を考える——144

はじめに

時代が変わるときというのは、そこに特定の個人の桁外れの情熱があることが多い——と、作家の堺屋太一さんが話してくださったことがある。長年、歴史研究をするなかで、最終的に思うところは、そのようなことであるという。

歴史はまさに人がつくる。それは時代の先頭を走る傑出した個人であることもあれば、ローカルな持ち場で、情熱の炎を静かに燃やし続ける個人であることもある。その意味では全員が歴史の主人公となり得るのだ。

私自身のことを考えたとき、ローカルな現場を原点に、紛れもなく情熱を傾けて生きてきた。「女性で政治学?」と不思議がられた時代に国際政治学を情熱をもって志し、学者として多くのことを発信し続けてきたつもりである。

女性が学び続けることや職業をもつことがなかなか難しかった時代に生きて、時代がこうだから時代が変わるまで待とうという発想ではなく、むしろ時代に先駆けて、自分の持ち場が新しい時代の最初の息吹や兆しとなるようにと気迫をもって進んでいく。それは教育者だったころも、政治家となったいまも変わらない。米国留学から戻って教壇に立ったとき、日本には大学改革こそ必要と感じ、まずは自分の教室から日本一の国際政治学の講義をすることに腐心した。少子化大臣となったときは、全国の自治体の首長や実務者と話し合いを行い、新しい社会政策を編み出すことに没頭した。自分のローカルな持ち場において、時代に先駆けた努力を示すことなくして、大きな議論をしても空疎であろう。

人にはみな、その人らしさや持ち味がある。職業が変わっても、新しい課題に取り組むことになっても、物事への取り組み方、人間についての視点、静かな情熱や勇気等々、その人らしさがそこはかとなく感じられるものである。簡単に「お人柄」と言ってしまうこともあるかもしれないが、その人の生い立ちや人生の歩みのなかで、時にはフーガのモチーフのようにひそやかに、時には主旋律として力強く流れ貫くものがある。それを自己発見し、肯定し発展させてみてはどうだろう。「くにこｉｓｍ」は私の場合の例であって、それぞれの人にそのようなものがあるかもしれない。自分の持ち味など取るに足らない、語る価値がない、などと思わずに大事にしていくこと。それは民主主義に内在する「すべての人は大切」という考えにもつながることではないかと感じている。

いま、私は知の楽園ともいえる学者の世界から、より実践的な政治の世界へと分け入っている。時代の変化や発展をいち早く察知し、よりよい方向に導く役割が政治学という学問分野にはある。そんな思いに突き動かされて、新たな情熱を燃やしている。

政治家として多くの人と出会い語り合うなかで、私は自分を丸ごと信頼してもらうためには、まだ十分に語り尽くせていないもどかしさを感じてきた。そんな思いから、これまで歩んできた道を振り返り、猪口邦子の持ち味を知ってもらいたい、と本書『くにこｉｓｍ』を語り起こすことを思い立った。ここには、論文や学術書とは違い、人間、猪口邦子がいるはず。本書に注いだ情熱にはまさに邦子らしさ《くにこｉｓｍ》があると感じているが、いかがだろうか。

飯田橋の編集室にて

猪口　邦子

1章　国際政治を志したわけ

よく、「どうして、女の子なのに国際政治学を目指すことになったのですか」と聞かれる。私が学問を志した当時、一九七〇年代の半ばは、社会科学系に進む女性は少なく、とりわけ政治学、国際政治学を志すのはほんの少数だった。いまでさえそう多くはないのだから、そんな質問が出るのも不思議ではないのだが、ひと言で答えるのは難しい。そのたびに「戦争になれば女性や子どもも犠牲になる。平和のために何ができるか、その答えを責任をもって出すためには国際政治を学ばなければならないと思った。戦争と平和の問題は男女共通した問題だから、女性も勉強するのよ」と答えてきたように思う。こう言えば、質問者はとりあえず納得してくれるからでもあった。

これは私の正直な気持ちだけれども、ではなぜそういう気持ちになったのかについては何も語っていない。この国際政治に向かわせた深い思いは、もしかしたら私の生きてきた道筋を子どものころからたどることで、理解していただけるかもしれない。

人の人生を導いてくれるものは、環境や機会などさまざまな要素があると思うが、私の人生の節目で本当に深く影響を与えてくれたのは「人」であったように思う。私を導いてくれた人々、時代の風、そんなものを語りながら、ひと言では言い得なかった「国際政治を志したわけ」に踏み入ってみたいと思う。

ブラジルで一本のデモクラシーの樹を植えた父

私は一〇歳から一五歳の多感な時代を、父の仕事の関係でブラジルのサンパウロで過ごすことになった。父は損害保険会社に勤めていたのだが、サンパウロに開設した支店を、南米有数の損害保険会社として発展させよとの使命を帯びての赴任だった。一九六〇年代当時は、天然資源が豊富なブラジルとの貿易が国としての重要課題となっていて、それを支える海上火災保険の整備が国策であったから、父は一企業人として赴任するとはいえ国策の一端を担って行く思いであったようだ。戦後最初に海外に出た世代の一人でもあり、日本から最も遠方の異国の地に国を背負って、サムライのような決意をもって行ったのである。

父は軍隊で終戦を迎えているので、戦争と平和について深く考えさせられた世代だったと思う。少し上の先輩は戦地に出向いて亡くなっている。自分たちは命を永らえた。先輩の死を無駄にしないために何ができるか、そんなことを突きつけられた世代でもあった。そういう思いのなかで家族をつくり、平和と民主主義の時代に娘を育てるという人生を歩んでいくことになる。

私は三人姉妹の長女。父はごく自然に男の子が生まれると考え、男の子なら「国雄」と、国を愛する気持ちを込めた名前を考えていたようだが、生まれたのが女の子だったので、それを少し柔らかくして、私は「邦子」という名前になった。生まれたのは五月三日の憲法記念日、戦後の占領期を経て日本が主権を回復した直後の、最初の五月三日であった。父は男の子なら国のために働く子を育てたいと考えたのだと思う。しかし、戦後の民主主義の時代、男も女も平等に教育を受けられる、女の子も学問の道を志し、学者になることで国に尽くすことができる、と考えたのだろう。

学者といえばキュリー夫人、いや物理学者では遠いから、せめて経済学者ならと思ったようだ。ケンブリッジ大学にジョーン・ロビンソンという女性の経済学者がいることを幼い私に語っていたこと自体、父がどんな思いで娘たちを育ててきたかを、よく表している。

父は自分自身が学者になりたかったようだ。祖母は歌人で若山牧水の弟子だったというから、文学や学問への憧れは自然と育まれたのだろう。戦後は、父も就職して生計を立てなければならなかったから、学者への道はあきらめたようだが、家には経済学の本がたくさんあったし、いまでもあるのだから、その思いはずっと胸のうちにあったに違いない。

だから、私が国際政治学者を目指したときも、学者になったときも、その困難な道のりを一途に生きてきた私を支えてくれた。政治家になるときは深い懸念をもちながらも、邦子が決意してやりぬくならいいじゃないかと、最初に賛成してくれたのも父だったのである。

父がブラジルに赴任し、私たち家族も行くことになったときには、親の仕事で遠い国に行くのは大変ねなどと、人生の終わりのような言われ方をした。地の果てに行くとでも思われたのだろうか。当時は世界についてしっかり論じる人も少なかったから、そんなふうに言われるのも無理はなかったのだが、私たちが実際に降り立ったブラジルのサンパウロは道路も整備され、日本では見たこともない高層ビルが立ち並ぶ立派な都市だった。少なくとも日本人がイメージする未開の地とは程遠いものだった。そのとき一〇歳の私の心に、日本の大人は世界を知らない、大人が言っていることは違っていたではないか、日本にだけいては世界の本当の姿はわからない、ものごとは自分の目で見て自分で確認しなければならないという、経験主義の種子のようなものが形成された。私の学者としての原点はそこにあるように思われる。

ブラジルでの思い出はたくさんあるが、鮮烈に思い出されることがある。父が闘った姿を、一回だけ目の前にしたときのことだ。現地入りして、最初はイギリス系の小さな学校に通っていたが、そこでは十分な教育を受けられない、ある程度の規模の学校に行くことが必要だと、私は自分で結論を出した。それでいろいろな人から話を聞いて、名門のアメリカンスクールに転校したいと申し出た。ところがその学校は一般的にアジア系は入れない方針だという。そこで、父は日本人を入れないのはなぜかと校長に迫り、何とか考査を受けることを認めさせたのだった。父と校長とのまさに一対一の闘い、私はその父の姿を目の当たりにして本当に驚いた。いつもの優しい穏やかな父が、私のために一歩も引かない闘いをしている、一本の民主主義《デモクラシー》の樹を植えている、それをこの目で見たという思いだった。

私はそのとき不可能の扉を父が開けてくれたのだという鮮烈な思いに突き動かされ、猛烈に勉強を始めることになる。これは父子の連帯とでもいうのだろうか。父の顔に泥を塗ってはいけないという強い思いがあった。

最初はできなかった英語も半年ぐらいで克服し、学年末には成績もクラス一番になった。アメリカ史の先生は「アメリカ史なのに、どうしてアメリカ人のキミたちが日本から来たクニコに負けるんだ」とヒステリーを起こすほど。

それ以来、そのアメリカンスクールには、多くのアジア人が入ってくるようになった。父は先駆者だったけれど、私も子どもとして先駆者だった。異郷の地で競争に負けることがあってはならないと、私も小さな日の丸を背負って闘った、子どもとしての一分に生きようとしたのだと思う。

それ以来、よいのか悪いのかわからないが、必要なときには猛勉強をするという習慣ができてしまったようだ。人生の折々で、留学するときも、博士論文を書き上げるときも、軍縮大使となり協議を取りまとめるときも、少子化担当大臣として対策をまとめるときも、不退転の決意で不可能を可能にする、そういう闘いをする生き方が身についたのではないかと、ふと感じる。

　それは父が自らの背中で教えてくれたのだと思う。当時、南米で損害保険の制度そのものがあまり発達していなかっただけに、彼自身大変な思いをしただろう。それでも、それぞれの子どもが入る学校の壁にぶつかって打破してくれたのだ。父は決して国際的な人間ではなく、ごく普通の日本の教育を受けた人であったが、そういう生き方を私たちに見せてくれたのだった。

小学一年で最初に出会った職業婦人

　ブラジルへ行ったのは小学校四年生からだが、少しさかのぼって、小学校一年から三年まで、千葉の公立小学校に通っていたころのことを思い出してみたい。

　私の一年生の担任は中島みね先生で、その先生は私が出会った最初の職業婦人であった。当時はまだ女性の先生は少なく、担任が女性となると、外れくじをひいたように、女性では十分に子供の教育をしてもらえないとか、あれこれ言う父母も多かった。母はそういうことはひとことも言わず、まわりの人間がそういう発言をすることを非常に嫌がった。

最初の父母会に出て帰ってきた母は「邦ちゃん、本当によい担任の先生に巡り合って、よかったね」と言ってくれた。女性で教育者として立派に努力している、女性特有のきめ細やかさで丁寧に教えようとしてくれている、だから本当にいい先生に出会えたねという、その母の言葉、表現で、私の職業婦人に対するポジティブな認識形成がなされたのだと思う。それは中島先生個人にとどまらず、その先生が代表するある人間像、職業婦人像をポジティブに受け止め、自分も教育者という職業婦人になりたいという憧《あこが》れにも似た気持ちを芽生えさせたのは確かだ。私が教授になる最初のきっかけをつくったのは、もしかしたら、母の「よい先生に巡り合えてよかったね」という、女性の教育者に対する明るい表現であった気さえするのである。その言葉は私のまっさらな心にまっすぐに届いて、それからはその憧れの中島先生のもと、勉強や学校生活に邁進していくこととなった。

実際、中島先生は素晴らしい先生だった。漢字や算数の反復練習を辛抱強く、たくさんやってくれ、作文の面倒もよくみてくれた。先生は一、二年を担任してくださったが、その二年間で、学者として文章を書く仕事をしていくうえでの基盤が全部築かれたと、心底思っている。先生はいつも私が書く作文を褒《ほ》めてくださった。だから、何かを書いて先生に見ていただくことが楽しみだった。夏休みの日記はもちろんのこと、日常的にも日記を書き、先生に見てもらう。書かされることがとにかく多かったように思う。また、算数の反復練習もすさまじかった。でも、それが苦もなくできる時代だった。家に帰って、卓袱台《ちゃぶ》で宿題を懸命にやり、それを提出すると先生の赤い丸がついて戻ってくる。私の小学校低学年は、先生の赤字が入った答案やプリントとともにあり、先生の存在がいつも身近にあった。

小学校低学年のころ、私は小児喘息《ぜんそく》に悩まされ、学校を休むことが多かった。その後のブラジルでの生活で、結果的には転地療養のような形になって治ったけれども、小学校のはじめのころは、いつもその問題を抱えていた。当時の喘息の治し方といえば、具合が悪いときはとにかく静かにしていることだったので、家で休むか本を読んでいるしかなかった。それで本が好きになり、文学への思いも育まれたのかもしれない。

胸がゼイゼイしてくると学校には行けない。先生がよく枕元に来てくださったことを覚えている。あれは小学三年生のときだった。あるとき、担任の鴻﨑榮子先生が来て、学級委員長を選ぶ選挙があって、横田（私の旧姓）邦子さんが選ばれた、級長になるのは大変だろうけれど、どうするかとおっしゃった。そのとき副委員長に選ばれた男の子も一緒に連れてきて、いろいろ相談した結果、委員長と副委員長を入れ替えようということになった。私自身は喘息で休むことが多かったから委員長を務める自信もなかったし、先生もそう思われたのだろう。しかしそれでも勝手に私を委員長から降ろすのではなく、邦子がみんなから選ばれた、クラスの総意がそこにあるということを大事にしてくださった。総意を尊重することと現実のなかで丁寧に調整することの大切さを、私は人生の早い段階で小学校の先生から教わった。

よく本を読んでくれた父

本好きになったのは、喘息で物静かな生活をせざるを得なかったからでもあるが、父がよく本の読み聞かせをしてくれたことも大きく影響している。小さいころはもちろん、小学校に入っても父に本を読んでもらうのが楽しみだった。妹が生まれると、母はどうしても下の子の面倒で手一杯になる。父は必然的に一番上の私の担当となった。男の人でできる子守りの数少ない選択肢の一つが本の読み聞かせだったのだ。

当時の少年少女文庫は、分厚い偉人伝が中心であった。しかしあの厚さを見ると、小学一年生ぐらいでは、到底自分一人の力では読み通せないと、確信するしかなかった。たどたどしく一字一字読むのだから、一行読むのだって大変、一ページ読むのに何分かかるのか……と気が遠くなる。とても全部自分で読み通すなんてありえない！ナイチンゲールのお話は、最初はお人形の世話をする女の子の話だけれども、分厚い本の後ろの方を見ると写真も入っているし、大人になったナイチンゲールのすごいお話が続いているみたい。でもそこに到達するのはいつのことか！　なんて思っていると、父が帰ってきて、しようがないなあ、じゃあ読むか、邦子を寝かしつけなきゃならないからね、などと言って、一緒に蚊帳のなかで読み始める。そうすると、さっきまで、自分では不可能だと思っていた本のページが次々めくられて、目の前で物語が動いていく。それは本当に奇跡のような驚きと喜びで満ちあふれているのだった。いまでもその情景をビビットに思い出す。

父が読み出すと地球より重いと思われた本も、ちゃんと最後のページにたどり着く。たどり着いた瞬間の、その静かな深い満足感。これが私の読書人たる原点。

だから、小学校に入ってからの読み聞かせもいいことだと思う。小学生ならば字が読めるのだから、自分で読ませるほうがいい、そうしないと自分で読む意欲がなくなるから……と考える人がいるかもしれないが、それはちょっと違う。小学校の低学年のころは字が読めるといっても、分厚い本を読むのは無理だから、自分一人ではどうしても小さな薄い本を読むだけになる。小さな本でも大きな世界を描いているものもあるが、分厚い本には、それなりの分量がもつ大きな世界が描かれていることが多い。なぜナイチンゲールはクリミア戦争に行ったのか、そんな立論の面白さがわかるところまで描かれているし、当時の時代背景や状況描写まで、細かく書かれている。それは子どもにとっても刺激的な世界なのだ。目で追って読むのと違って、父の声で聞く物語の世界は快い調べとなって、子どもの心に、子どもの世界に沁みこんでいく。音読でいい文章を大量に聞いて育ったのは、私にとってとても幸福なことだったといえる。

父にはよく本屋さんにも連れて行ってもらった。「今度の日曜日は本屋さんに連れて行くからな」、父とそんな約束をすると、日曜日が待ち遠しくてたまらない、待って待って、ついにその日が来るという感じ！　「好きな本は？　どういうのがいいんだ」と聞かれ、一冊だけ選んで買ってもらう。女の子が平和のなかで喜々として本を読んで育つ、戦後の慎ましくもささやかな家庭の姿がそこにあった。家に帰ると、大喜びで読んで、読みきれないと父に読み聞かせをねだる。そのうち父の声を聞きながら寝てしまうという、これが一、二年のころの思い出。さすがに小学校三年くらいになると自分で読んでいたように思うけれど。

父が買うのはいつも一冊だった。いま思うとそれがよかったのかもしれない。一冊ずつなので、その量に圧倒されずに読みきることができる。読みきると、また次の一冊を買いに行こうということになる。当時は町のあちらこちらに小さな本屋さんがたくさんあった。子どもの足でちょっと歩くぐらいで本屋さんがあったから、父と散歩気分で多くの本屋さんに出かけた。一冊ずつという、ほどよい飢餓感、それがよかったのだろう。父が毎回、三冊も買ってくれていたら、私は読書人になっていたかどうか。そのさじ加減は難しい。不思議なもので、その一冊一冊が本当に宝物に思えたのだった。

余談だが私の低学年時代のもう一つの楽しみは、応接間にもぐり込んで、父の机で勉強をすることだった。日ごろは丸い卓袱台で勉強していた私にとって、そこでの勉強はひそかな楽しみとなった。応接間はめったに人が行かない部屋で、ソファやピアノが置いてあり、本格的な書斎机のような立派な父の机もあって、そこは「お姉ちゃんだけが」使っていいことになっていた。私は少し優越感に浸って、その机でよく宿題をし、ちょっと嬉しい時間を過ごした。一人勉強をし、ピアノのお稽古をして、それが終わると夕方、近所の子たちと路地のようなところで暗くなるまで遊んだものだった。

英語の勉強は?

ブラジル行きが決まって、私はにわかに英語の勉強をすることになった。近所にとても英語が上手な明治生まれの先生がいらっしゃって、その家庭に習いに行くことになった。生徒は中学生のお姉さんたちばかり、和服の先生が卓袱台で教えてくださった。その先生の素晴らしさといったら！　私がお会いした第二の職業婦人と言っていいと思う。

先生はそれまで私のような小学生に教えることがなかったので、どう教えたらいいかと、いろいろと工夫をしてくださった。アメリカで出ている絵本を買ってきて、それを見ながら先生が発音して、私がそのまま繰り返す。それくらいしか方法がなかったのだが、先生はそのとき、言葉というものはその通りに繰り返せばよいのだということを、驚きをもって発見されたようだ。何しろ私は小さいので理屈でなく、ただ先生が言う通りに発音するだけ。ところが中学生のお姉さんたちは文字を見ながら発音するので、どうしてもアルファベットに引きずられて発音がうまくいかない。たとえばAはapple、Bはbear、このあたりまではよいのだが、Eのelephantになると、スペルが難しいからうまく発音できないのだ。その点、私は文字は習っていないので、「エレファント」と先生が発音する通りに繰り返し、appleやbearとなんら変わりなく唱えることができる。先生がこんなやり方でいいかしらと戸惑いながらも選んでくれた方法は、予想以上に効を奏したのだった。

そこでの英語の勉強は短期間であり、到底ブラジルで間に合うものではなかったが、こうして少しの準備をしてブラジルへ向かった。最初にイギリス系の小さな学校に入り、そこでアルファベットが書けるようになり、簡単な絵本が読めるようになったところで、前に述べたアメリカンスクールに転校することとなった。

入学はできたが、英語が不十分だったので、本来小学校四年生に編入するはずが、小学校三年生のクラスに入ることになった。私はこれに不服で、海外で早々に屈辱感を味わった。その一年を何とか取り戻したいと、幼いながら激しく闘った。四年生のとき、途中から五年生に進むことができ、その屈辱感を早々に払拭《ふっしょく》することができたのだが……。

三年生への編入は不満ではあったが、実際のところ、それでもついていくのが大変だった。すべてが英語で進められる授業、クラスメートや先生との会話もすべて英語だから、単語をいくつか知っているくらいでは、とても太刀《たち》打ちできない。それで死に物狂いの勉強が始まった。半年後にはすべて英語で対応できるようにしようと、決意していた。

どんな勉強をしたか。この方法はとても簡単でしかも普遍的、誰にでもおすすめできる、誰がやっても必ず英語が上達する方法だと信じる。まず、単語帳方式で単語を覚えるところから始める。小さなノートの左側に英語を書き、右側に日本語を書く。教科書に出てくるわからない単語を片っ端から書いて単語帳をつくるのだ。最初はほとんどすべてがわからない単語なのだから、単語帳は教科書をそのまま書き写しているようなものだった。それを使って日本語を見ながら英語を発音する、スペルを書くということをひたすらやる。一カ月もするとその単語帳は一〇冊を超えた。それをいつも最初からめくり、発音し、書く。たとえば最初に apple があるとしたら、何回かやるうちに覚えてしまうのだが、それでも必ず最初からすでに覚えた単語も繰り返し練習する。もう頭で覚えるのではなく、書きながら腕の筋肉に覚えさせるという感じ。一日に単語帳何冊とノルマを決めて必ず実行する。アメリカンスクールは、スクールバスの送り迎えがあった。その道中には必ず、この単語帳を抱えて乗り、見て覚えるようにしていた。何百、何千の単語についてそれをやっていると、半年を過ぎるころから、かなりの単語が頭に入ってきた。単語がわかると、どうにか意思を通じ合わすことができる。文章ごとの暗記もよくしたので、単語を入れ替えながら話せるようになり、私もこの社会でやっていけるという自信がついてきた。当時覚えた単語は相当数にのぼり、若い脳細胞に刻み込んだせいか、いくつになっても決して忘れない。小さいときに暗記脳が鍛《きた》えられたせいか、暗記は得意、それがその後のいろいろな場面で役立っているように思う。

アメリカンスクールの最初のころに習った社会の教科書に、世界の国の子どもたちの生活を比較しているものがあった。たとえばエスキモーの子どもはどんな生活をしているか、アフリカのジャングルではどんな生活をしているか。このような内容は親に聞いてもそうわかるものではなく、特殊で不思議な単語も出てくる。それでも辞書を引けばちゃんと言葉の説明は出ているから、相変わらず、単語帳にその言葉を書き入れ、いつものように暗記していった。だから、日本の学校の中学一年ではじめて英語を習うときのボキャブラリーとはまったく違う単語のセットが、小学生の私の頭のなかに詰め込まれた。

覚えなくてもいいような単語まで覚えるよりは、よく使われるものを覚えたほうがいいのではないかとか、一度覚えた単語まで何度も繰り返すなんて、なんと非効率的な勉強の仕方かと思われるかもしれないが、わたしは遠回りのようでも、このやり方が一番、単純明快で語学上達の秘訣のように思う。勉強方法は複雑にしないほうがいい。勉強方法を悩まないというのがいい。要するに、単語を覚えるのはもっとも単純なフォーマットであり、それはいつでもどこでも勉強でき、単語を少しずつ付け足していくことで、力をアップできる。文法がどうとか、文章はどうなるというのは二の次だった。単語がわからなければ文章を構成することもできない。話したり文章を書くときは文法が正しくなければ恥ずかしいが、とりあえず、そこに何が書いてあるか、友だちが何を言おうとしているかがわかるには、まず単語だった。

あとは教科書の文章を何度も読む、音読する。アメリカ史や地理の教科書は何度も読み、重要なフレーズを暗記していった。何度も読むと文章ごと覚えてしまう。覚えたことはあまり考えずにすぐ言うことができる。当たり前のことなのだが、この重要性に気づいたのだ。日常会話では、相手に言われたことを日本語に訳して、その答えを日本語で考え英語に構築し直して……などというヒマはない。言われたことにすぐ返すには、暗記したフレーズがあるととても便利。このことは、その後の留学時代や軍縮大使としての演説や議論のときに、大いに役立つことを実感した。いまでも私は面白いフレーズや単語を見つけると、ノートにメモし、繰り返し覚えるという方法をとっている。

この単純ではあるが有効な方法は、小学生の私が、ブラジルという異郷の地で、めったにアジア人のいない学校で、日本の子どもとして自分の尊厳を保つためにも、死活問題で編み出した方法だった。誰も助けてくれない、それはもうすごい闘いだった。言葉がわからない授業で、「クニコはまだ来たばかりだから仕方ない」と言われながら、それでも子どもながらに自分の自尊心を維持しようとヘトヘトになって闘い、一日の授業が終わってスクールバスに乗り込み、ほっとしながらも体勢を立て直して単語帳を見つめた日々が思い出される。当時つくった単語帳はいまでも私の宝物として残っている。

そんな闘いをして半年もしたころだろうか。「クニコは思わぬ単語が書ける」と先生に驚かれることがあった。全体の英語力は大したことはなかったと思うが、小学生が誰でも知っているというわけではないような言葉が書けるということを、大人は評価してくれる。それが案外面白くて、自信になった。「クニコはすごいじゃないか、進歩が速い」などといわれ、私の勉強の方法は大成功だったとひそかに確信した。

日本の英語の教科書、たとえば「ジャック＆ベティ」で勉強していると基本的な単語やフレーズは満遍なく覚えられるだろうが、人を驚かすようなボキャブラリーを知ることはできない。「メリーポピンズ」という映画で、世界で一番長い単語を言うというくだりがあるけれども、人の知らない印象的な単語を知っているということで、相手を圧倒し、相手が一瞬ひるむ、そういう状況をつくることができると学んだのだった。

バイリンガルならぬバイスクール

ブラジルにいる間、日本語を忘れてはいけないという親の決意で、我が家には家庭教師が来て、私たちは日本の教科書や参考書で勉強をすることになった。だから一〇歳から一五歳の間は、アメリカンスクールでは英語で勉強をし、家では日本語で勉強をするという、人の二倍の、バイリンガルならぬバイスクールとでもいうような勉強の日々を送った。

家庭教師の先生が、土日と春休みや夏休みなどの長い休暇にやってきて教えてくれた。アメリカンスクールは土日に宿題が出なかったし、春休みや夏休みも自由だったから、このバイスクールが可能だったともいえる。日本の勉強もさせるというのは、親の情念だったのかもしれない。きちんと日本の子どもとして育てるのだという決意があったのだろう。

私自身がこのとき心のなかで思っていたことは、こんなに勉強をしているのだから、いつか楽になるときが来るだろう、いつかよかったと思うときが来るだろう、ということだった。そして、ブラジルにいるからには二倍しなければならないとも考えた。単に日本の内容を英語に置き換えて勉強するだけでは不十分だろう。苦労の甲斐があるのは二倍しているからなんだ、いずれ日本に帰ったときにこの苦労が生かされる、そんなふうに自分に言いきかせなければ、続けることはできなかった。

実にそれは苦労であったと思う。まわりには日本人がほとんどいない、気を抜いていい加減にしていたら、いつどんな扱いを受けるかわからないという不安。そういう大変な環境にいたから、自分の尊厳を維持するためにも、どうがんばっていったらいいのか、どう努力したらいいのか、子どもとしてのすべての直感を働かせていたのだ。単語帳方式の勉強法もその直感が編み出したもの。切羽詰まったものに突き動かされていた。

私たちについた日本の勉強のための家庭教師は日本からの留学生だった。当時、日本の科目を教えられる人はブラジルでは少なかったのである。文化人類学専攻の留学生が私の家庭教師だったこともある。彼らにとって、小学生に算数や国語、社会を教えるのはそう楽しいことではなかっただろうが、私の方はそういう先生から強く影響を受けた。学者の関心というか、本質的なものの見方、たとえば地理なら、単に山や川の名前を暗記するのではなく、そういう地形だからこういう物流が起こり、こういうふうに発展するというような、物事の本質的な話を聞かされた。常に本質にかかわる設問があって、その答えがあるような、学問とはそういうものかと思わせるものであった。

アメリカンスクールも素晴らしい学校で、お昼になると、先生が延々と読み聞かせをしてくれた。四年生になってもである。父による日本語の読み聞かせは卒業する年齢だったが、この英語の読み聞かせはちょうどよい訓練になった。耳から入る英語でも、話し言葉と違って、名文が入るのだから、相当よい訓練になったと思う。そのおかげというか、単語帳方式の英語の勉強もずっと続けていたので、ブラジルの五年間で英語の語彙は相当に増え、その後のＡＦＳ留学（後記参照）のときも、大学院留学のときにも、役立った。

パール・ハーバーの授業

アメリカンスクールで思い出に残る授業がある。小学校高学年のときのこと、その年の社会科の内容は世界史だった。古代ギリシャやローマ、そしてルネッサンス、世界史の授業は興味深いものだったが、そのころから私は憂鬱《ゆううつ》な気分になっていた。

教科書の大事なところは何回も読んで暗記するような勉強をしていたから、世界史の最後の方、近代史の「パール・ハーバー」という大きな見出しのあるページもすでに繰り返し読み、ほとんど暗記していた。そこにはきのこ雲の写真とともに、日本が悪魔的な世界征服の野心と狂気で、パール・ハーバーに奇襲攻撃をし、いかに愚かで野蛮な戦争を仕掛けてきたか、その野望をくじくために原爆が投下されたと、自由と正義の国アメリカと、野蛮で卑怯な国日本というわかりやすい構図が描かれていた。善悪がはっきりした物語のようであった。

これまでにも日本については、野蛮で遅れた国という紹介のされ方をほうぼうで目にした。人力車の写真、サムライのちょんまげ姿、床に寝て、部屋を紙で仕切って暮らしているなど、誤解に満ちた記述に惨めな気分にはなったが、そういうことにはすでに慣れっこになっていた。しかし、このパール・ハーバーの授業を想像すると、ただただ憂鬱になるばかり。憂鬱としかいえないこの感情を、このときにはじめて知った。教室のなかにたった一人、邪悪な国の子として、そこにいなければならないのだから……。

その学期が終わりに近づき、いよいよ「パール・ハーバー」の授業が明日という日になった。私はどうしてもその授業に出る気がせず、仮病を使って休む作戦に出た。喘息の発作と腹痛を、前の晩から自分でも驚くほど大胆に演じてのけた。しかし、世界史の先生のことを考えると、その晩はなかなか寝付くことができなかった。先生はまるで昔の世界を教室に再現する魔法の杖をもっているかのようで、素敵な授業をしてくれた。私はこの先生が大好きだった。私が休んだら先生はどう思うだろう……。

翌朝、ベッドから離れようとしない私に、母は「パンがゆをつくったから」とささやいた。私は病気のときはいつもパンがゆをつくってもらっていた。そのかすかに甘いパンがゆを食べながら、やっぱり学校に行かなければという気になった。

このことは、二〇年ほど前に「パール・ハーバーの授業」というタイトルで日本エッセイスト・クラブの編んだ短編集に収録され、後に国語の教科書にも載ったものがあるので、授業の様子をそのまま紹介する。

世界史の教室に入る。足早に自分の席に向かう私に、「ハーイ、クニコ！」と先生は声をかけてくれた。その声の明るさに、かえって私の心は緊張した。

授業がどう始まったのか、覚えていない。わたしはまるで石のように微動だにせず、教科書のそのページを開いたまま、下を向いていた。緊張のあまり、周囲から音が消えてしまったかのようだった。

先生が黒板になにかを書いている……日本の石油の輸入の割合だ……おやっ……教科書にそんなこと書いてあったっけ……。先生の声が耳にもどってくる。先生はどんどんしゃべっていく。日本は資源が乏しいこと、発展するために外国から資源を輸入しなければならないこと、どんなに資源の乏しい国でも、貿易によって発展する権利があること、しかし、欧米諸国は、アジアの国が発展しすぎることは許せないと思っていたこと、そこで、日本の資源輸入を困難にしていったこと……しかもなんとアメリカは、実は、欧州戦に参戦する契機をつかもうとしていたこと……違う！　教科書と全く違うことを先生は授業でしゃべっている！

先生はたったひとりの生徒のために、その授業をやってくれたのだった。クラスのだれもが、授業の内容が教科書と全く違うことに気が付いていた。しかし、いつもは活発な生徒達のひとりとして、そのことを問う子はいなかった。

戦争には、沢山の原因がある、と先生は言った。戦争だけでなく、国と国との間の事件には必ず複雑な背景がある——それを単一原因論に短絡させてしまうのは、歴史に対する暴力だ——と先生は授業を閉じた。

部屋を出るとき、先生に心からなにかを言いたかった。けれど、ひとことでもしゃべったら、涙が一気にあふれそうだった。かつてないほど、わたしはパール・ハーバーを恥じていた。それでも、日本非難の矢面に立たないですんだことに、私のなかの子供の部分は本当に救われたのだった。

しかしそのとき私は、私のなかにもうひとりの自分を発見する。もはや子供とは呼べないそのもうひとりの私は、国際関係の複雑な絡み合いを解明していく仕事を、そして平和の追求にかかわる仕事を夢見ていた。

（日本エッセイスト・クラブ編『母の加護』文藝春秋刊より

（「パール・ハーバーの授業」一部転載）

異国の地での社会科の授業というのは常に緊張をもたらすものであった。当時の世界における日本観は洗練されたものではなく、それがそのまま教科書に載っていた。人力車や原爆のことは典型的な話で、頻繁に登場した。その記述が自分の親より上の世代のことであっても、子ども心に日本の名誉を背負って立ち尽くしているようなところがあった。それでも、私が通っていたアメリカンスクールは、その社会科の先生だけでなく、学校全体に開明的な雰囲気があって、結果的に私自身は一度も嫌な思いをしたことがなかったが、海外経験をした子どもの話を聞くと、ほとんどが非常に理不尽な経験をしていることに驚かされる。

異国の地で日本人として後ろ指をさされないように、子どもながらに懸命に勉強もし、積極的な姿勢を見せてきた。いま思うと、それは我ながらあまりにけなげだったが、それを学校側やまわりの人が好感をもって受け入れてくれたことで、好循環が生まれ嫌な経験をしないですんだのかもしれない。だから私は最初から国際社会に対して後ろ向きの思いをすることがなかった。それは国際人として生きるうえでも、幸運なことだった。

帰国の途のイギリス旅行

一〇歳から一五歳まで、ブラジルでの生活は五年間だった。その間、アメリカンスクールの先生方、家庭教師に来てくださった先生方、そして同世代の友だち、多くの人たちに助けられて過ごしてきたように思う。

小中学校の友だちはスクールバスで広範囲から通ってきていたから、日常的に遊ぶという環境にはなかったけれど、誕生会とか何かにつけて呼んだり呼ばれたり、お互いの家で楽しく過ごした覚えがある。

ある友だちのうちには、私が読みたかった子ども用の文学全集があった。私の家では、日本からブラジルに渡るとき、荷造りの関係で文学全集までは手がまわらなかった。友だちの家で、あの憧れの文学全集を見つけたときの感激と羨《うらや》ましさ。私は思いきって、その本を貸してほしいとお願いした。一冊読むとまた次というようにお借りして、ブラジルにいる間にとうとう全部読んでしまった。「うちの子は読まないのに」

と、そこの優しいお母さんに苦笑されたけれど、ほしいものが家にない、その飢餓感がよかったかもしれない。たくさんの優れた文学にふれ、文学者になりたいような気持ちにもなっていたのである。

無我夢中で過ごした五年間。一九六七年、父の海外赴任期間が終わり、帰国の途につくこととなった。そのとき、ヨーロッパに寄ることができたことは、私にとって、海外見聞の重要な機会となった。当時はまだ日本人は海外を見る機会はなかなかない時代だった。

イギリスでは、父と同じ損害保険会社の、現在では相談役の河野俊二氏（当時ロンドン支店長）が案内をしてくださった。ロンドン塔や議事堂、ヴィクトリア朝時代の博物館など、一五歳の少女にとってはわくわくするような世界について教えてくれた。見たこともない巨大な本屋にも連れて行ってくれた。そこで買った小説は、あまりにも大事なので、ついに羽田まで荷物に入れずに小脇に抱えて行った。世界にはいろいろなところで、父のように仕事をしている人がいるのだなと感じ、そこに赴任しているのだから当然なのだが、実によくイギリスのことをご存知で、教わることが多かった。

ブラジルのアメリカンスクールで、英国史についていろいろなレポートを書いていたので、書物で知ったことを現場で見ることができて刺激的だった。ヨーロッパの文明について、その後の学問に続く認識を得るきっかけとなった旅、文明をトータルに理解したいと思った最初の旅だったかもしれない。

中学での赤星先生との出会い

ブラジルから帰ってくると、日本では受け入れてくれる学校がなく苦労することとなった。いわゆる「帰国子女」だが、当時はそういう言葉もなく、五年間も日本で勉強をしなかった子として、ほぼすべての学校で門前払いされ、公立も学年を遅らせての入学しか認めにくいという。唯一同学年への編入試験を実施してくれたのが私立・桜蔭学園中学だった。異郷で夢にまで見た、日本の中学校の生徒にようやくなれたものの、私自身は長年の海外生活で日本の勉強が遅れているという思いにとらわれて、なかなかクラスのなかに溶け込めずにいた。ブラジルでは二倍の勉強で日本の教科も勉強してきたつもりだが、それまでの英語での学校から日本語だけの学校へ移り、そのギャップにはすぐに順応できるものではない。

そして翌年、高校一年生になった。夏休みの宿題の日記に、フランスの長編小説『チボー家の人々』の論評を書いて提出した。その小説は第一次世界大戦のぼっ発をテーマにした反戦小説で、私の日記は反骨精神に満ちた内容だった。こんなことを書いたら叱られるかもしれない、と覚悟して提出したのだった。ある日の国語の授業で、赤星秀子先生は「まれにみる優れた日記を書いた人がいます」と言って、名前は伏せたまま、私の日記を朗読してくださった。わずか一五分ほどの時間だっただろうか。いま思うと稚拙な文章で、内容もさほどのものではなかったが、先生のその授業は、私の日本語での表現の自信のなさを払拭してくれた。そして文章を書くことの能力を自己発見させ自信をつけてくれたのだった。忘れえぬ授業、忘れえぬ一五分、永遠の時間。

赤星先生はまた、土曜日の放課後、一、二時間をさいて、私に古典の個人教授をしてくださった。徒然草など、全編を読みきったように記憶している。回数はそう多くなかったけれど、私に絶大な影響を与え、不得意意識に悩んでいた私に「国語をあきらめない」と固く決意させたのである。先生から「学問のバトン」を受けとった瞬間である。

赤星先生は私の尊敬する先生であり、優れた教育者であった。その先生が戦争で夫を亡くし、戦後は一人で子どもを抱えながら女子教育に尽くしたという事実を知って、戦争と女性の悲劇を深く考え、その問題の重さに圧倒された。私が戦争と平和をライフワークとし、国際政治学者になったのは、この赤星先生との出会いが大きかったように思う。

桜蔭中高校は私立の女子校だが、のちに校長を務められた赤星先生に限らず、女子教育に生涯を捧げるという気迫ある女性の先生が多くおられた。大学の教授をも超える実力をもちながらも一途に女子高生を教え、高いレベルで私たちを導いてくださったのである。なかでも、やはり赤星先生は、私が出会った第三の職業婦人。職業婦人は魅力的という、私の最初のポジティブな認識はここでも裏切られなかった。

赤星先生がお亡くなりになったのは二〇〇二年、私が軍縮大使としてスイスに派遣されてしばらくたってからだった。『チボー家の人々』の主人公ジャックが平和を希求した国で、恩師の葬式に参列することもできず、大使の机に大粒の涙が落ちるのを禁じえなかった。

花開く文学少女

「書くことに自信をもって、表現していきなさい」という赤星先生の言葉は、自分の国語への自信のなさを完全に吹き飛ばしてくれた。本来書くことが好きだったから、書きたいけれども書けないと抑圧された感情が一気に解決され、高校時代は書くことに邁進、書くことが加速した。

時おりしも学生運動が始まっていた。それはあの東大安田講堂の攻防戦に象徴されるように、激しさを増していった。政治的な関心を誘発されたのもこのころ、私は学級新聞の編集主幹として、書きに書いた。自分が考えることを書くことによって伝えることの意義を感じ始め、文筆で生きようと決意したのもそのころである。

私の親友の一人は文芸部（クラブ活動）の部長でまさにエース的存在だったが、私自身は文芸部に入る自信はなかった。しかし、文学好きの友だちと一緒に、よく放課後に読書会をやり、『赤と黒』のジュリアン・ソレルの野心と倫理観やシェイクスピア劇の構成論など侃々諤々《かんかんがくがく》の議論をした。文化祭には演劇もやってシェイクスピアの

『テンペスト』のミランダ姫を演じるほどで、あのころは本当に純粋で文学好きの典型的な女子学生だった。桜蔭の学窓の奥深くに入って、仲間と延々とスタンダールを論じる女子高生のひとりだった。

日本文学でも、芥川龍之介の作品全部を読破する友人がいて、ああだこうだと思春期の悩みを混ぜながら時に激しく論じ合う仲間がいた。授業をたまにさぼりながらそんなことをやった日々もあった。それを大らかに見過ごす先生もおられて、そこには何か能力の本質が広がって行くことへの、先生と生徒の深い信頼関係があったように思う。いま思い出すと摩訶不思議な気持ちになる。文学への純粋な憧れと、好きなものを純粋に求めていいのだという、大きな懐に包まれているような、幸せな時間があった。

そんなわけで、高校時代は典型的ないい時代を生きたと思う。自分の本来好きな得意分野が花開き、よい友人を得て深めることができた。背伸びしてものごとを考え抜く、限界を知らない世代、精神も身体も疲れを知らない世代であった。そのとき到達していた内容は、本人たちも気づいていなかったが、案外、自分の人生でそれ以上深められないという水準にまで達していたのではないだろうか。専門分野はその後さらに深化するとしても、広い教養や文学については、そんな気さえする。

いずれにしても、書くことを仕事にする、学術を仕事にするという道へ私が進んだのは、このころのことがベースになっている。

ＡＦＳ留学でアメリカ・コンコードの高校へ

幸せな高校生活、自分自身の自信を少しは取り戻しているときでもあった。しかしブラジルでのがむしゃらな五年間を思うとき、自分の強さはやはり英語にある、これを再強化する必要があると考えた。日本の学園生活のなかで英語がどんどん自分から蒸発していくような危機感を感じてもいた。

そこで目指したのがＡＦＳ（当時は米国と日本を含む世界各国との高校生交換留学）の留学だった。留学のための試験はかなり熾烈《しれつ》なものだった。まずは自分の高校での選抜に勝ち、他の学校の代表と競争して、関東地域からほんの数人がようやく選ばれるという激戦だった。そこをなんとかクリアし留学することとなった。

留学先はアメリカのニューイングランド・マサチューセッツ州にある、コンコード・アカデミー。預かってくれたホストファミリーは四人の子どもがいる家庭で、その長女と次女もコンコード・アカデミーの生徒であった。この学校は全米屈指の進学校で、いまでは共学になっているけれども、当時はほとんどの学生がエールやハーバード、プリンストン大学などに進学する名門女子校でもあった。

コンコードは米国の哲学と文学の発祥地で、『ウォールデン（森の生活）』で非暴力について書いたH・D・ソロー、『緋文字』のホーソーン、『若草物語』のオルコットらを輩出した地である。隣の町は独立運動で有名なレキシントンで、コンコードでも同じように民兵による独立戦争への参加があったという。オルコットの家などには、ホームステイ先の姉妹と何度も見学に行ったりもした。

コンコード・アカデミーは卓越した学校だった。高校であったが大学のように自分で授業が選べる単位制をしいていた。進学校とはいえ、音楽や芸術関係も充実していて、美術の授業などは全国的に著名な画家が指導に来たり、音楽も、たとえばジュリアード音楽院の教授が来たりしていた。教えるなら徹底的な英才教育をする学校だったので、そういう特別講師が嬉々としてやって来たようだ。学校側も特別講師を厚遇したという面があったかもしれない。

私はそのころ音楽にも傾倒し、ピアノや楽理、アメリカの音楽史にも興味をもっていたから、音楽史の授業を少人数で受け、アメリカの作曲家についての楽理分析……といったかなり大がかりな論文を書いたりした。

また、社会科の授業ではマキャベリの『君主論』をはじめ、近代思想の源流を徹底的に読まされた。『君主論』は君主の権謀術数の話ではなく、傭兵の時代から国民軍という常備軍をもつ、主権制の時代へと移行する、政治体制の転換期の本なんだということをつかんで、後の私の著書『戦争と平和』（東京大学出版会）のなかの章にもつながって行く。

高校の授業とは思えない面が多かった。ラテン語の授業もあって、私はのぞくらいだったが、コンコード・アカデミーに進学する学生はラテン語をすでにかなり習得していたりするので、ハイレベルのラテン語のクラスもあった。アメリカのリベラルアーツ教育の強さが凝縮されているような高校で、その卒業生たちはアメリカのさまざまな職域で、その後、先駆的な役割を担ってきたのだなと思うことがある。

ベトナム戦争と反戦運動

　私がＡＦＳ留学でアメリカに渡ったのは一九六九〜一九七〇年、ベトナム戦争真っ只中、同時にカンボジア侵攻の年でもあった。それがアメリカ史初の敗戦への引き金になっていくのだが、それを直感したアメリカ市民社会が空前の反戦デモを展開し、世論も反戦に転じた年でもあった。全米ではじめての、しかもおそらく空前絶後の反戦運動が火を噴いた年で、非常に政治性を帯びた年だったのである。七三年にサイゴン陥落、七五年に最終的に分断国家ベトナムが統一されるのだが、七〇年はまだそれよりずっと前、ペンタゴン・ペーパーズの漏えい事件のころである。ベトナム介入の意思決定において、国民背信行為があったという告発がなされ、反戦機運が一気に高まっていった。

　歴史には社会や政治が大きく動いて新たな流れを創生していく時期と小康期で内省的になる時期があるが、私が留学した時期はまさに時代が大きく動く時期だった。コンコードの近くにはＭＩＴやハーバード大学のあるケンブリッジ市があり、名門の学生も反戦運動に立ち上がっている。ついこの間までコンコード・アカデミーの同じキャンパスにいた先輩たちが、いま、ハーバードで反戦デモの先頭に立っているという臨場感があった。それはとてもリアルに私に迫ってきた。

一九七〇年のそんな折、オハイオ州のケント大学で治安部隊が学生に発砲し、四人の学生が射殺されるという事件が起こった。それが最初で、その後もキャンパスにおける治安当局と学生の対立のなかで学生が射殺される事件が相次いだ。日本でも、安田講堂での攻防があったけれども、機動隊が学生に向けて発砲するということはなかったことを考えると、アメリカの知識界が治安当局への反発を強くするのは当然であった。そしてそれは若い世代に深い深い傷を負わせ、同時に戦争と平和の問題は命がけで考えなければならないという認識をもたらした。アメリカはベトナムの共産主義化とそのドミノ（将棋倒し）現象を防ぐ戦いであるとの理屈のもと、戦争に突入していったが、その理屈はどうなのか、ベトナム戦は民主主義のための戦いだと言われたけれど、異国の非武装市民が大量に戦争死していく民主主義とはどういうものなのか、学生がキャンパス内で思想のために殺される民主主義とは何なんだ、ベトナムを失うことは自由主義国の敗北であるという議論があるが、そうなのか――まだ出口の見えなかった時代に、学生たちは論じかつ闘ったのだった。

私自身は、音楽や文学への憧れをもちつつも、そういう憧れだけでは生きていけないと、もっと社会を直視する、リアリティのなかに引き入れられた年であった。あのベトナム戦争真っ只中、しかも知識人の巣窟であるボストン・ケンブリッジエリア——このエリアはチャールズリバーコネクションといわれるほどワシントンと直結していて、政権が変わるごとに、トップがそのエリアの知識人を引き連れワシントン入りし、地理的には首都から離れていても国政はすぐそばにあり、アメリカ全体への責任もそこにあるという自負をもつ地域である——、私はまさにそこに実際に身をおく高校生だったのだ。高校生だから一歩引いているとはいえ、確かにそこにいて、劇中劇のように、その現実をつぶさに見た。おそらく自分の人生にとっての分水嶺となったのはこの年で、政治学者になる流れの一つがここにあった。才能と余裕があれば、文学や音楽で平和を考えるのもよいが、いまはもっと直截的に平和を考えなければもはや対処できない、そういう切迫感があった。その強い思いが、学問を志す推進力になっていった。それも政治学でなければならなかった。それほどまでに七〇年代初頭の政治情勢は逼迫《ひっぱく》していて、それを自分の目で見、生身で体験したことは決定的なものだった。

いま平和のなかに生きていることの価値

高校生のたった一年の留学生期間に、この激動の時代を目の当たりにしたことは、私にとって運命的なことだった。留学の年が一年違っていたらまた違う運命になったかもしれないが、まさにそのとき、その場所にいたというのは紛れもない事実。アジアの農村で爆撃により何万もの人が死んでいる、その反戦運動をアメリカのごく身近にいる人たちがやっているという事実に気付かされていく。

一方、高校のキャンパスのなかで激しい議論をしている学生たちも、そこにアジアの女の子がいるじゃないかと、私の存在に気付かされる。当時、アメリカの白人エリアでは、アジア人はみな似ている感じで、日本人、中国人、韓国人、ベトナム人などという区別などつきにくい。ベトナム戦争と日本人は直接関係はないけれど、そこにベトナム人と同じアジア人がいるではないか、ポツンと一人、アジアの女の子が座っているではないか。この子をどう扱っていいかわからない、意見を求めるのもこわい……でもその子を大事にしなければ、とみんなが私を学校の宝物のように扱ってくれていた。

そのとき私は自分の考え方が急速に先鋭化、明確化していくのを感じた。それは自分にとっての民主主義であり平和主義であった。戦後日本の一般の家庭生活が象徴した市民感覚が、不可避的に一七歳の自分のなかに確かなものとして存在していた。自分はいま、どれほど過激な議論と過激な現実にさらされていることか。国際政治の先端のところで現に起きていることを、日本のメディアやべ平連（ベトナムに平和を！市民連合）とか学生運動というフィルターを通すことなく、この地でこの目で見ている、そこで愕然としてはいるけれども、しかし私はいま、この異文化のなかで、こうやって生きている、この事実はここで闘わされているすべての議論を超えている、そんな深い確信をもったことが思い出される。

それは、自分はいま、まぎれもなく平和を生きている、という自信にもつながっていった。

私を受け入れてくれたホストファミリーにも同じような思いがあったようである。誰がどんな議論をしようと、アジアの子を預かって平和を生きているという、強い自信をもっていたのだと思う。

後に、その家族が腹を割って話してくれたことには、ＡＦＳで日本の子どもを預かるというのは大変な驚きだったのだという。ホストファミリーを自ら名乗り出たのだから、どこの国の子でも受け入れる気持ちだったが、最初はベルギーの子と言われ、途中から日本の子となった、さすがに日本の子と聞いたときは驚いたという。ＡＦＳ当局が、日本の桜蔭高校とコンコード・アカデミーの類似性に気を回しての決定だったようだ。留学生が日本人と決まってから、「自分のおじさんは太平洋戦争に従軍していた」とか、改めて戦争のことを口にする人も多かったという。太平洋戦争で奇襲攻撃をした日本の子をなぜ預かるのかという非難にも似た言い方だったのだろう。それでもアメリカの家族は私を預かることを決め、留学の一年間というもの、本当に私を愛し、安全について心配をして、自分の子どもと同じように、いや、それ以上に大切に育ててくれた。

だから、家族にも深い自信があっただろう。クニコという日本の女の子を一年間も引き受けている、彼女のすべてを引き受けている、これほど確実に平和主義を生きている実感はない。平和の現場は、自分たちの日々の食卓であり、毎日、気を付けて行っておいでと送り出すアメリカン・マム（ホスト・マザー）の言葉のなかにある。彼女にとってもそれが日々の平和の現実、日々の舞台だった。まわりはベトナム反戦運動の議論をやっている、しかしどんな高邁《こうまい》な議論をしようと、自分たちはそれを超えている、その時代の先端をいき、平和主義を生きているのだと。

このことを象徴する事件があった。あるとき、ケンブリッジ市中心街で、大きな反戦デモがあるというので、私も何かしなければという思いに駆られ、そこに行きたいとマムに話した。マムの答えは「行くな」とただひと言、決然としていた。一瞬、「アジアを侵略しているアメリカの反戦運動だから、アジアの人としてあれこれ言ってほしくないという意味なのかな」と疑い深い視線を投げた。するとマムは、いまでも私の心にそのときの情景とともに刻まれている、深い内心からの言葉を発してくれた。「とにかくあなたが無事でいることが何より重要、新たにもう一人の日本人が死ぬ必要はない」。鮮烈な言葉だった。クニコを守らなければならない、クニコを守ることは、反戦デモなどを超えて、はるかに平和主義を生きているという思い。当時は全米のどこの大学でも反戦運動があり、いつでも発砲へと発展する危険性があった。夜の、大量に人が集まるデモの場所に、ティーンエージャーの女の子を行かせるわけにはいかないという、マムの言葉には絶対的な強さと説得力があった。結局、私はそのデモに参加せず、嵐のような時代にあって、一年の留学生活を無事に過ごして帰国した。

アメリカン・マムの戦争と平和

アメリカン・マムとの一年間はとても貴重なもので、私は生涯忘れることができない。帰国後も愛するマムへ、ときどき手紙を出すなどして交流を続けていた。

アメリカのホスト・ファミリーのリース家は、パパ（ホスト・ファーザー）はハーバードのビジネススクール出のエリートで、経営コンサルタント会社の社長であり、マムはスミス女子大出身の才媛で、二人は結婚して四人の子どもを育てるという、典型的なニューイングランドの古きよき家庭を築いていた。当時はまれな名門大学を出た女性であったので、あるときマムに、結婚前はどういう仕事をしてきたかを聞いたことがあるが、「ワシントンD・Cで」という以外はっきりした答えを得られず、なんとなくあいまいなまま時が流れていた。

一九八三年から八四年に、私は夫とハーバード大に客員研究員として留学することになるのだが、そのとき夫を伴って、この家庭を何度も訪ね、食事をし会話を楽しんだ。そのときマムは「クニコが国際政治学者になり、平和について熱心に研究する学者であることをとても誇りに思う」「そのことは、私の人生にとっても本当に嬉しいことだ」ということを何度も何度も言うのだった。なぜ彼女はそこまで言ってくれるのだろうか、彼女の平和へのこだわりはどこから来ているのか、そんなことを感じながらも、それをあえて追求するでもなく、彼女と直接会って話をするのはそれが最後となった。

私のなかにあった漠とした疑問、それがあるときすべてきれいに解明された。マムが亡くなったとき、その死を悼《いた》むコンコードの地元紙を、パパが送ってくれたのだが、マムの写真入りの記事は私を仰天させた。手紙も何もついておらず、ただその新聞だけが送られてきたのだが、あたかも、これですべてをわかってくれといっているかのようだった。その新聞にはマムが亡くなった日に、コンコードの中央広場に半旗が掲げられたことを伝えていた。半旗が掲げられるということは、その人が軍人か軍属として国に対する功績があったことを示している。彼女の功績についても新聞は書き記していた。それによると、彼女はスミス大学の才媛で、第二次世界大戦の大西洋戦のとき暗号解読に従事し、その功績は多大なものだったとある。

そういうマムだったから、私を引き受けるときの戸惑いはどれほどのものだっただろうか。それでも彼女は、あえて戦争のときは敵側だった国の女の子を一年預かることで、戦後の平和主義を生きようとしたのかもしれない。戦争中は国のために尽くし、戦後は平和のために尽くそうとした人。高校生という難しい年頃のアジアの女の子を一年預かるのは大変なこと。どういう気持ちで私の日々を愛し世話をし、敗戦国の子どもを国際人として育てようとしてくれたのか。私は英語だって不十分でやり直さなければならないような子だったから、それは大変な苦労をしてくれたのだと思う。その子を無事、平和のなかで教育することがいかに重要だったか、あの「新たにもう一人の日本人を死なせるわけにはいかない」という強い言葉が出た背景がわかったような気がした。その大切に預かった女の子がいま、アジアにて大学教授になり国際政治学者になって平和を論じている。マムが深く喜んで自慢に思ってくれたことが、はじめて本当によくわかり涙した。

アメリカン・マムにとって、ベトナム戦争は相対化されたものだったのかもしれない、それほどまでに太平洋戦争の歴史を深く生きたのだと思った。そして、マムはクニコを育て、そのクニコが平和を論じ、学者として多くの学生に平和を語り教えている。自分のしてきたことが一つの完結した形となったと感じてくれたのだろうか。才能ある女性だったがゆえに歴史の大きな波のなかで生き、さまざまな不協和音や困難をみて、戦後の結婚生活と地域活動のなかで図らずもひとりの異国の女性学者を育て、最終的には楽節が解決するように三度の美しい和音になった。そんな安堵と喜びに包まれて、マムは立派な人生を閉じたと信じたい。

私は留学生活を終え日本に帰るときには、「国際政治学」を学ぶと心が決まっていた。人の心を決めるのは、やはり人。父であり母であり、赤星先生であり、アメリカン・マムであり、多くの出会いがあったからだとしみじみ思う。そしてもしかしたら時代の風であったかもしれない。反戦・平和へと吹き荒れたアメリカの風を背に受けて、帰国の途についたのだった。

2章　女性よ、志をあきらめるな

アメリカのコンコード・アカデミーを卒業して、日本に戻ると、出国時の高校二年生に在籍することとなった。桜蔭の同級生はすでに高校三年生になっており、一年遅れる格好になる。ここで一年足踏みをするよりも、早く大学生になって学問の道に進みたいと考え、アメリカの高校卒業の資格で受験できる大学を探し、上智大学の外国語学部に入学することになった。

大学時代、ドイツ語で政治思想の原典を読む

大学で国際政治学を学ぶという志は、その時点ではっきりしていた。しかし、学者になるなら、政治思想の書物を原典で読む力をつけておきたいと考え、外国語学部を

選んだ。専攻はドイツ語であった。英語ではある程度読めるから、他の言語で文献を読みたい。当時、政治学といえば、フランクフルト学派。クリーティシェ・フォルシュングなど批評主義の輝かしい求心性があった。哲学一般や文化人類学ならフランスということになるのだろうが、政治学ならドイツというのが私の思いであった。ヘーゲルなど古典的な文献はむろん、そのアンチテーゼの最先端の政治思想もドイツから出ているように思われたのだ。

それから三〇年たった今日でも、政治現象をみると、その思想的葛藤を経たからか、先進的なことがドイツから発せられていて興味深い。ベルリンの統合、分断国家の統一、冷戦の終結、大陸主要国初の女性宰相、温暖化対策の指導力などなど。そしてとくに近年では人間社会の新たな脅威は、国家間のことではなく、温暖化に代表されるような問題領域で、人間の作用の結果発生している現象だとパラダイムシフトを唱えているのもドイツである。二〇〇七年のサミットでは、A・メルケル首相らがこれからの政治課題は環境問題であると発信し、しぶるアメリカを先頭に立って説得し、温室効果ガス削減への国際合意への道筋をつけるところまできた。

環境問題といえば、緑の党が影響力ある政治勢力として出現し、政権入りしたのもドイツであった。政治とはもちろん一つのことへの対処ですむものではないから、シングル・イシュー（単一議題）政党は、近代政党の考え方とは違うのだが、他方で、近代という文明の型に対するパラダイムシフトの思想的起爆剤になるという意味で、有意義な政治勢力になったのである。一つの柱を中心にして、他の政策にも思想的転換を迫るので、そういう個性的な手法の政党があってもよいということを、内外に示したともいえよう。

このようなドイツの先進性は、ある意味ドイツの運命だったかもしれない。どの国も地勢学からは自由になれない、つまり、どこにその国があるかは定められている。どの国もここは居心地が悪いから引っ越しましょうというわけにはいかない。そういう意味では、ドイツは地勢学的に東西の分断ラインの、前線に位置していた国、東西冷戦の前線にあり、またそれに先立つナチズムの暗黒の歴史との明確な決別を、戦後の政治思想の本質とすることが運命づけられていた。その決別を証明するにふさわしい政治の先進性と、分断国家の運命を解決していくのに必要な総合性の両方が、ドイツの思想と政治の核を成していた。

ナチズムの思想のいかなる痕跡も残さぬ決別と、分断国家の悲劇の解決を追求するなかで、先進世界全体がポストモダンの文明と、脱東西冷戦へと進むことの思想的支えの役割を、ドイツは果たしたのである。

自らの地勢学的に不利な状態を人間社会の最先端を切り開くバネとしたことは、国家と国民の政治的能力であり、手腕であった。ドイツのその葛藤と先進性ゆえにドイツの政治学にはとてもひかれ、そこには私にとって学ぶだけの魅力があったのである。

私が大学に入学した一九七〇年はじめは、現在とは違いドイツの研究者で論文や本を英語で書いている人が少なかった。どうしてもドイツの文献を読もうとするとドイツ語が必要となる。私は学生時代に、平和研究の発祥の地となったフランクフルト学派の初期の論文を日本語に訳す仕事もやっていた。

ドイツ語の原典を読みたいと思ったのは、英語圏だけの情報では学問に偏りが出るのではないかと危惧し、常に複眼的に政治状況を見たいという思いからでもあった。自分のこれまでの履歴から、どうしても英語で世界を見る習慣ができていたから、それとは違う視点をもちたいという思いもあって、ドイツ語の勉強をした。

しかし最近は、ドイツの学者も、どこの国の学者も英語で論文を書き、英語で出版するようになったので、英語で広く世界の文献を読むことが可能になっている。私が大学生のころとは事情が変わったようだ。

政治学における数量分析

ドイツ語を専攻し、ドイツの文献を読みながら、そこで出会った先生方の影響をずいぶん受けた。しかし同時に、さらに政治学の勉強をするにはアメリカに留学しなければならないと、自分のなかでは早い時期からそういう結論にも達していた。大学二、三年のころだろうか。

当時の国際政治学は古典的なリアリズムの手法をとっていた。たとえばH・モーゲンソーに代表されるように、国家というものはこういうものである、戦争はこのようにして起こるということを、多くの歴史分析に基づいて、学者がかなり断定的、いやむしろ説得的に示していくものであった。しかしそれでは、社会科学が科学として十分に機能していない問題があって、その分析を検証することができなかった。歴史の事例分析だけでは、一般的傾向を論じる根拠は乏しく、こう言われればそうとも思えるし、逆のことを言われればそうとも思えることが多い。最後に最大の根拠となるのは、その説を掲げた学者が非常に信頼できるとか、権力があるということにすぎないようにも思えた。証明するといっても、歴史の事例をあげたところで、当てはまらない歴史の事例を同時にあげることもできるのであって、二二歳の私にはリアリズムの手法は、学問として非常に不十分なものに思えた。

七〇年代はじめというのは、その古典的手法に対するアンチテーゼが出始めたときだった。それは仮説を設定し、概念を操作化してデータを収集し、仮説を検証するという手法で、自然科学と比べれば制約が多かったとはいえ、社会科学なりに科学的なアプローチと呼べるものであった。とはいっても、当時はコンピュータもソフトウェアは初期の段階で、フォートラン（初期のプログラミング言語）の時代だから、分析用のパッケージもなく、自分たちで最初からプログラミングしていく時代。またデータの整備も遅れていたが、それでも何らかの仮説を立て、それを科学的に検証するというのは魅力であった。

このような手法を試みる教授たちが出始め、そのほとんどはアメリカの大学に在籍していた。学問の先端はいまアメリカにあるのだと直感し、私もアメリカに留学してそれを学び、自分の学問を発展させなければならないと考えたのである。

日本では、武者小路公秀《むしゃこうじきんひで》先生や関寛治《せきひろはる》先生など、この新しい手法を取り入れる国際政治学者がおられたが、まだ小数派であった。実はその後出会い、夫となる猪口孝は、日本の政治学における数量分析の導入者であり、第一人者だった。彼が三〇代に留学先のマサチューセッツ工科大学（ＭＩＴ）から、この手法を持ち帰ったのだった。たとえば、米ソ冷戦当時、日ソ関係も交渉回路がほとんど閉ざされていたなかで、日ソ間でサケ・マス漁獲高を決める漁業交渉が行われていたが、そのプロセスモデル（仮説群）の検証によって、完全予測できることを示すことで、安定的に維持されている国家間関係が冷戦の裏にもあることを示そうとした初期の研究がある。また、反目する国家間で、軍縮が双方の最終的利益になるにもかかわらず実現しないのはなぜかといったテーマを、初期のゲーム論など数理分析や数量分析によって推し進めていたのである。

そのような分析も、社会科学だから自然科学に比べればややアバウトなところがあるが、これまでの学者が「われ思う、ゆえに世界はこうだ」と論ずる学問からはもはや離陸しなければならないという強い思いの支柱になっていった。

ブルース・ラセットの魅力ある論文

私は武者小路先生に師事し学ぶなかで、ブルース・ラセットの文献に出会った。彼はエール大学政治学部の国際政治学の主任教授で、国際関係の数量分析の先駆的な研究に取り組み、数々の魅力ある論文を発表していた。研究者というのは学術論文が載る学術専門誌に目を通し、いま世界で何が研究され、何が論争になっているかといった学問の潮流を読み取ることから始めるのだが、私もそのような正統派の勉強を始めているころだった。あのころ国際政治の先端が載る学術専門誌といえば、『インターナショナル・オーガナイゼーション』や、発刊が始まったばかりの平和研究の雑誌『ジャーナル・オブ・ピース・リサーチ』、紛争解決専門誌の『ジャーナル・オブ・コンフリクト・レゾルーション』などがあった。それらの学術専門誌で一番引用されているのがブルース・ラセットの論文。そのことに気づき、内容にもときめくものがあり、次第に興味をひかれていった。

国家間には権力闘争があり、国家間交渉のゆくえもいろいろで、それによって戦争が起こることもあれば回避されることもある。それらが一回や二回では一般的傾向を発見しにくいが、交渉は何百、何千とあるし、戦争も実に頻繁に起こっているのだから、そこにある一般的なパターンを見出すことが可能ではないか、というのがブルース・ラセットの立場である。

国際政治学においては、従属変数、つまり被説明変数は「平和」、これが究極の変数となっている。多くの学者は、どういうときに戦争は起こるのか、何によって戦争を回避できるのか、これを説明する変数は何かを、日々研究し、ついに決定的な仮説に至らずに右往左往している。たとえば、戦争というのは貧しい国がするのではないか、女性がリーダーだったら起こらないのではないかと思いつく人もいるかもしれない。しかしその仮説はどれも破綻する。それまでの研究はなかなか成果につながらずおよそすべて破綻し、決定的なものはなかったのである。

ブルース・ラセットは、戦争というものは一国で起こるものではない、だからそもそも単体としての属性を考えるパラダイムそのものが間違っている、どういう国家間で戦争が発生するのか、関係性においてモデリングする、二者間(ダイアッド)の共有属性をみるという考え方をとった。どういう国家間なら戦争が起こり、また起こらないのか、二国間がどういう属性を共有していれば戦争は起こらないのか、さまざまな仮説を立てて検証するなかで、ついに一つの答えにたどりついた。

これが有名な「民主主義国間不戦構造（democratic peace）」の仮説だ。二国が互いに民主主義国家であれば、この間においては戦争が発生しないという仮説の統計的蓋然性は高い。ラセット教授はその後、この仮説をほぼ完全証明したのである。実際、二〇世紀は有史以来一九世紀までの戦死者の総和を超える戦争死を記録した「戦死の世紀」であった。そのなかで、民主主義国家の間では戦死者がゼロに近かった。これは大変な発見であった。この仮説に基づくと、国際協力における民主化支援は平和増進効果が期待できる。実際に、冷戦後の旧東欧への民主化支援の理論的支柱をこの仮説は提供したのであった。

今後は、大国の大半が民主化ないしそれに近い政治体制を有するようになるなかで、大国間戦争は次第になくなっていくかもしれない。古代のアテネ・スパルタ間の戦い以来、世界史の骨格を形づくってきた大国間戦争の系譜において米ソの冷戦はその最後のものとなり、今後は大国と小国、あるいは小国同士の戦争になっていく気配である。米ソの冷戦構造の終結は、第二次世界大戦後の二大勢力間武力対立が終結するというだけでなく、大国間武力対立の歴史の終わりを意味しているかもしれないのだ。

七〇年代前半期、ラセット教授はのちに世界中の政治学者を圧倒することになる研究の、その最初の努力のなかにいた。ある日私は、教授の初期の果敢な研究を図書館で読んでいた。私のなかに、これまでに感じたことのない学問への思いが波のように押し寄せてきた。まわりの騒音も窓辺の景色もすべてが無になって、あるのは私とラセット教授の書物だけ。私はふらふらと夢見るようにその書物を抱えて机を離れた。何をどうしたかは覚えていないが、そのときの衝撃だけは鮮明に残っている。その後、ブルース・ラセットの論文を手当たり次第に読んだ。教授の著書は、ほぼすべて手に入れていた。そう廉価な本ではなかったが、お小遣いを工面して次々と購入した。それらは、いまでも宝物として私の書棚におさまっている。

経験的事象について、それをとらえる概念を編み出し、数値化や指標化する方法を考え、変数間の関係性についての仮説を立て、データに基づいて検証する。この手法は経済学や心理学、行動科学でいち早く発展した方法である。行動科学などでは、人の行動をデータ化して説明モデルをつくるのだが、データが人単位なため、多く集めることが可能だ。一〇〇人、一〇〇〇人を抽出することはそう難しいことではないだろう。ところが国際政治というと国の行動を観察するのだから、データのサンプル数が非常に少ない。国の数は当時一七〇ぐらい、そのなかで信憑性の高いデータを収集できるのは一〇〇ほどだから、この学問分野の研究がいかに困難かわかるというものだ。

しかし私の心は、その、困難であろう数量解析とそのモデルを考察するときに役立つ数理モデルにひかれていた。学問という大海原に漕ぎ出して行くのだ。それはまばゆいほどの光を放って、私を招いているようであった。

ブルース・ラセット教授との運命の出会い

国際政治学の数量解析を目指すなら、その先端をいくアメリカに留学するしかない。できればブルース・ラセット教授のもとで学びたい、その思いは日に日に募《つの》っていった。

大学四年のとき、幸運なことにそのブルース・ラセット教授が日本国際政治学会の会議のために来日するというニュースが飛び込んできた。私は一介の大学生、学会に出ることはできないし、そんな世界的な大家に出会うことも不可能だとあきらめていた。そうしたらこの分野への私の思いを知っていた武者小路先生が「とにかく、その会議室の近くにいなさい。話すチャンスがあるかもしれないから」と特別の配慮をしてくださったのである。

私はそのころフォートランのプログラムを工夫しながら、日米関係の推移を数量分析でとらえる卒業論文を書いていた。私はその論文の草稿を胸に抱え、会議室の廊下で待っていた。

ラセット教授が目の前に出てきた。武者小路先生が、ほら、チャンスだよ、とばかりに合図を送ってくださった。

「あの……。数量分析による論文を書きました。先生の本はすべて読んでいます」

と、小さな声で英語で申し上げた。するとラセット教授は、

「あなたの論文？　多変量解析の？」

教授は大きくほほえみ、完全に足を止めて私からそれを受けとると、開きながら矢継ぎ早に私に質問をした。まわりには主催者の先生方がいて、急いでいる気配だった

が、ラセット教授は一歩も動かず、輝く眼でかがみこむようにして私の話を聞こうとしていた。

「あなたがこれを自分でやったのか」「どうしてこういうことを思いついたのか」

と教授は私を褒《ほ》め、さらに質問をしてきた。

「それは……、先生の本を全部読みましたから」

話したのはほんの数分だったかもしれない。主催者側は、次の予定があるのにとやきもきしただろうが、あたかもこの瞬間、自分にとって一番大事なことはこの女子学生の珍しい試みを見ることだというような、教授の強い意思がその場にみなぎっているのを感じた。

そのとき「学問というのはすごい世界だ」と、閃光のように私の心を射抜くものがあった。学問の先端に生きるとは、年齢も国境も地位も関係ない、ただ本物に接近しようという努力において対等であり、本物への接近はみごとになされる。私はそのとき二二歳で、自分なりに先端の研究をするという、人には言えないひそかな決意があった。ラセット教授が私のそのひそかな思いを見抜こうとする。認めてくれたわけではないけれど、見抜こうとする一瞬の時間が確かにそこにあった。本物に接近しようという対等な情熱。僭越《せんえつ》ながら、そう思えたのである。

それは私にとって一生の思い出となる運命の時間だった。学問的に最もひかれていた先生、著書もたくさん読んできた、その人に会えたというだけで喜びだったのに、そんな会話を交わすことができたのだから。教授の方は、本を書くということは、自分が想像もしない遠い地において、人間を啓発し触発する力をもっているのだということを発見してくれたのかもしれない。

そしてこの出会いは、留学したいという思いを決定的なものにした。

留学と母の切り抜き

いまの時代なら、留学はよくあることなのだろうが、七〇年代はじめは海外留学する人はごく小数で、特殊なことだった。本当に留学するのがいいのか迷いがなかったわけではない。ブルース・ラセットの研究や学問手法に魅力を感じていたが、先端であるだけに、確立された分野ではない。今後どういう方向に発展するかなど未知であり、危うさもある。二〇歳ぐらいの人間の学問感覚というのはある意味で鋭いものがあって、そのときの私もブルース・ラセットの卓越と危うさを、同時に直感していたのである。本当にこれを自分の学問の進む道にしていいのかという迷い。留学して帰ってきたときに自分の居場所はあるのかという恐れ。それでも最先端は面白いという直感の方が迷いを吹き飛ばしたようだ。学問に安住の道はないのだ、と。

当時、私は上智大学卒業後、大学院に進んでいた。教授陣にも恵まれ、また他の大学との共同研究のグループにも入れてもらい、学問的には相当恵まれた環境にあったと思う。にもかかわらず、留学しなければという思いに突き動かされるのはなぜだったのか。先端を希求するなどというと大袈裟だが、いったんそういう旅に出るとそれを止めることはできない。二〇代前半という時期は、先端から遠くにいても、最先端が不思議と見えてしまう時期である。まるで水晶の玉を心にもっているような、そんな不思議な鋭さを帯びている。

留学に恐れがなかったわけではない。家族と行ったブラジルや、アメリカン・マムやパパがいてくれたAFS留学のように、守ってくれる人はいないのだから。それでも、人は勇気をもって壁を乗り越えるためにはどこかでエネルギーをためなければならない。そのころ数年をかけて、やはり留学しなければ先端には接近できないと何度も何度も思い詰め、エネルギーをためていったのだと思う。

両親は私の留学についてどう思っていたのだろうか。父は私が学者になることを勧めていたぐらいだから、内心は応援したい気持ちだったと思う。しかし、海外への単身留学についてはもろ手を挙げて賛成はできないし、将来の保証もないので親としては到底勧められない。だけど親の躊躇《ちゅうちょ》を踏み越えて邦子はきっと進んでくれるだろうと期待していたのではないだろうか。実際、「危ないぞ」などといいながら、決定的な反対はしなかったのである。

母は私の職業について、「経済的にまったく自立できないのも悲しい。自分はできなかったけれど、あなたはピアノの先生など、家庭にあってできる仕事がいいのでは」と言っていたのだが、娘が学者の道を進むなら応援したいという気持ちになっていたようだ。私は母に、研究の本場はアメリカで、こんな素晴らしい本が出ているといつも話していた。母自身、自分が追求しきれなかった夢を娘に託していたのかもしれない。母も別の時代であれば社会に出て才能をいかしたかもしれない。しかし何人《なんぴと》も時代の運命からは自由でないから、母は娘たちを育て、家族を支える側に立って懸命に生きてきたのだし、いまもそのように生きている。自分が支えて自由に生きられるようにしたのだから、邦子には自由に羽ばたいてほしいという気持ちもあったのだろう。

留学試験を受け、ついにエール大学大学院への入学が決まった。エール大学では政治学専攻の大学院生として二〇～三〇人の入学が許される。院生の定員は日本の大学より多めだが、留学生はわずか二、三人、全米、全世界から受験してきて激戦であった。留学が決まっても、当時は一ドル三六〇円時代だから、学費や生活費がかかり、奨学金をもらわなければ、一般の家庭では到底留学はかなわない時代だった。次なる問題は奨学金をどうするかだった。

そんなある日、家に帰ると新聞の切り抜きがテーブルの上に置かれていた。母がロータリー財団の奨学金募集の小さな新聞記事を切り抜いてくれたものだった。母は留学したらいいとは決して口に出しては言わなかったけれど、黙って決定的な扉を開いてくれた。私はすぐにその奨学金に応募し選抜試験をくぐり抜けた。夢の留学が現実のものとなった。

幸運が重なって、私はブルース・ラセット教授を指導教授として学ぶことになった。はじめて教授の研究室に入った日のことは忘れ難い。「ついに、はるばる日本から、直接ご指導いただきたく参りました」と、挨拶した。大きな暖炉があり、窓以外の全壁面が書物で覆い尽くされている部屋で、穏やかな日差しを背に、教授は机に向かっていた。「ああ、あなたはまさしく正しいところに来てくれました」と教授は言った。

大学時代を通じてためていた思いが、私をここまで運んできてくれたと、感激で胸がいっぱいだった。

猪口孝との出会い、結婚

猪口孝と出会ったのは、私が上智大学の院生のころ。留学が決まって、あと三カ月で日本を離れようかというときだ。軍縮研究のゼミの教授が「とてもお似合いだから、会ってみるといいと思うよ」と紹介してくださった。後に私が軍縮大使を務めることを考えると運命的ともいえる。ここでも幸運の連鎖があった。そのとき孝は、少し前にマサチューセッツ工科大学（ＭＩＴ）大学院で政治学博士号を取得して留学を終え日本に戻り、留学前に助手として勤めていた上智大学の助教授になっていた。

前にも述べたが当時、孝は、国際政治学に数量分析の手法を取り入れ、その先端にいた。私もその勉強に励んでいる最中だったので、話は大いにはずみ、専門的な内容に及ぶことも多かった。

そして、まだまともにデートもしたことがないというのに、孝はある日一緒にお茶を飲もうと喫茶店に誘うと、「結婚してほしい」とプロポーズしてきた。直球だった。なんと率直な人なのだろう。古風な親に育てられていた私もなぜか「はい」と即答して、結婚は決まりとなった。

結婚の申し出には、決して即答してはいけないという親の永年の教えは、こんなときはどこにいってしまうのだろう。結婚は偉大なる直感、しかも両方にその直感があったときには必ずや幸せになる……と信じ、まったく迷いがなかった。

それからが大変。三カ月後には留学が決まっていたのである。しかも、私にとっては何年もの思いをためた留学だった。留学はどうするのか。

猪口孝の考え方は実に明快だった。彼には女性はどう生きるべきかという固定観念というものがなかった。女性一般がどうすべきかということではなく、邦子がどう生きたいかということにのみ関心があって、そのためにはあらゆる点で合理的でありたいという考え方だったと思う。つまり、邦子がどうしたいのか、邦子次第である。主婦になって一緒に暮らしたいならそれもよし、学者になりたいならそれもよし。ただ、学者になるなら留学して博士号（Ph.D.）を取るまでがんばらなければならないだろうという考え方だった。彼自身留学して Ph.D.を取得して帰国したばかりで、当時の日本の政治学の状況のなかでは、留学せずに、国際的に闘える学者になるのは難しい、学者の道はそれほど甘いものではない、やるなら博士号まで、中途半端なことはしないほうがいい……と考えていた。

私ももちろん中途半端な気持ちで学者になりたいと思っていたわけではないし、中途半端な気持ちで留学を決めていたわけでもない。長い時間の勉強を通して留学を決意し、学問の道の新たな扉をまさに開こうとしていたときだった。留学をしてから結婚するか、留学を先延ばしにして結婚するか。いずれにしても留学の志はあきらめないことにしようと考えた。そして、今回の留学は先延ばしにし、結婚を優先しよう、いつか孝と一緒に留学するチャンスが訪れるかもしれない、それでもいいかなと思い始めていた。

私がその気持ちを伝えると、彼は「学問の世界はそう甘くない。今回を逃したら、エール大学に留学する機会は二度と来ないだろう。いま行くか行かないか、その選択だけだ」と言う。あれこれ考え、結局、中途半端な玉虫色の答えを出そうとしていた私と違い、すでに学者として人生の勝負をしてきた人の考えと迫力はすごかった。

「それなら、留学して、帰ってきてから結婚しよう」と、二人で一応の結論に達した。

それから二、三回のデートを重ねるうち、やっぱり結婚は早い方がいい、結婚してから留学したほうが精神的にも安定するのではないか、そう孝に説得され、私たちはそれから一カ月後には結婚することになった。

小さな下宿の物語

一九七六年八月八日、九段会館にて私たちの結婚式とささやかな宴《うたげ》が催された。ハネムーンから戻ると、私が最少の荷物をもって彼の一DKの小さな下宿に引っ越し、新しい暮らしが始まった。

いまから考えると、私は欲がなかったと思う。当時は「神田川」の歌に象徴されるような、貧しくも美しい若い男女の生活の時代は過ぎ、新婚生活はきれいなマンショ

ンでと若い女性は願うようになり、またそんな夢がかなうことも多い時代になってい
た。どこに住むとか、何がほしいとか、そういうことには私はほとんど関心がなかっ
た。そういう外形的なことは私たちの人生にとって、まったく重要な要素ではなかっ
た。学問のことだけで頭がいっぱいだった。マンションのためにお金を支出すること
を望んでもいなかった。孝は山のように本を買い、家賃と食費分を残して、月給はほ
とんど本代につぎ込んでいるというような人だったけれど、私も彼のそんな生活スタ
イルを共にしたいと素直に思った。すぐに留学するわけだから新居も必要ない、すべ
ては研究につぎ込めばいい。

本当に小さな下宿。それでも、新婚早々彼の友人や研究者仲間を夕食に招いたりし
た。小さな卓袱《ちゃぶ》台に料理を調《ととの》え、肩を寄せあうようにして飲んで語りあって、みんな
私たちの現在を励ましてくれた。

私たちの出発点の生活は本当に質素のなかにあったけれど、心には錦、学問の錦の
旗をはためかせていた。狭い一ＤＫはまるで学問の殿堂のようだとけなげにも思って
いた。それは本当に不思議としかいいようがないが、若いということはそういうこと
なのだ。貧しくとも、二人は若く、学問の先端に挑んでいる。外から見たらなんてこ

となないけれど、なかに住んでいる人にとってはそこは殿堂なのだった。

私たちの急な結婚を、互いの両親はおおむね好感をもって受け入れてくれた。現状がどうであろうとも、若い二人が狂いのない判断をしている、ということを信じてくれた。

私の両親は、私の孝への共感を多分共有してくれたのだろう。父はもともと娘が学者になったらいいなと思っていた人だったから、質素ながらも学問に没頭して、振り向く間もなく前進していることについて、「そういう生活でいいのかね」と口では言いつつ、目はニコニコしていたのである。

孝の両親はどうだったか。まだ大学院生で、しかもすぐに留学するという嫁。奨学金を受けていたとはいえ、他の資金はすべて孝に頼っている、出費ばかりの妻なのに考え直したほうがいいとか、それはやりすぎだとか、負のコメントは一つもなかった。二人が決めたことなら助け合ってがんばっていけば、必ずいいことがたくさんあると、いつも言ってくれた。

私たち自身、将来の経済的な不安はなくはなかったけれど、それよりも、二人の学問追究人生を並行してやっていけるのか、同じ町で学んだり教職につけるのか、今回の留学のように、その後もどちらかが単身赴任することがあるのか、といったことで頭がいっぱいだった。第一私が将来、学者としてやっていけるのかもまったくの未知数だったのである。

しかしとにかく私たちは出発した。強い盛夏の光のなかでの出航だった。

彼が譲らなかった生活スタイルとは?

孝の小さな下宿は、偶然にも私の実家から歩いて二〇分ぐらいのところにあった。暑い夏、必要な本やノートを抱え、炎天下の道のりをとことこ歩いて実家に行き、時には母がつくってくれた夕食のおかずを抱えて下宿に帰ったことを思い出す。これは私の原風景。

当時、アッシーなどという言葉はなかったが、大学のクラスでは女の子たちは、車でさっと迎えに来てくれるボーイフレンドをもっている人も多かった。孝はもちろん車もなければ自転車さえもっていない。私が実家までの往復に自転車を買いたいと言ったとき、孝に、かえって心配だと言われ、そうかと納得し、ひたすら歩いたのだった。下宿から実家までの道中の木々の間から漏れる明るい光、時折頬をなでる風、幸せなひととき。

結婚というのは、まったく違う環境で育った人間が共に暮らすことだから、互いの習慣の違いなどで、どちらかが歩み寄らなければならない場面が多い。私たちの結婚生活で最初から彼が譲らなかったことがある。結婚して三十余年、彼が勝利したことの方が多かったと言うと彼に反論されるかもしれないが、そのうちの一つ、私が一番大きく影響を受けた彼の生活スタイルを紹介する。

それは「規則的な生活こそが究極的な勝利につながる」という彼の信念である。いまもそれは変わらず、朝早く出て、夕方六時ごろ、定時に家に戻ってくる。職住接近というのも信念で、これまでだいたい歩いて大学の研究室に通えるところに住んでいる。徹夜徹夜で研究して疲れ果てるよりも、毎日、持続的に仕事を続ける。これが学者としての究極の勝利につながるのだとして、彼は早朝から昼間にかけて猛烈に集中し、その日の研究の勝負をつけてくる。夕方戻ると、夜は手紙を書いたりちょっと読書したりという軽い仕事をする程度で、ヒートしていた頭を休ませ翌日に備える。そういう生活を一日も休みなく、続けているのである。このあたりの考え方は、孝の著書である『トンボとエダマメ論』（西村書店）にくわしく述べられている。

それに対して私はというと、学生時代は夜の一時、二時まで勉強するのが当たり前、みんなが寝静まってから勉強すると能率が上がるという方だったので、孝のこの生活スタイルには面食らった。夜に勉強しないでどうやって学者としてやっていくのだろうか、夜に勉強しないと私の学問は半分になってしまう。恐ろしくもあり、不思議でならなかった。だけど結局、孝の勝利で、私もその生活スタイルを踏襲することになった。これは大脳生理学的にも案外理にかなっているようで、心身を消耗させずに長期的に大きなエネルギーを続かせる方法なのだろう。まさに継続は力なり、なのである。

彼はあまり自分の生活スタイルについては妥協しない方で、どちらかというと私が夫の生活に合わせてきたようなところが多い。それでも料理の仕方、たとえば食材のバランスを考えてつくるとか、減塩するなど、自分のスタイルをとり入れていった。家事も分担して半分に分けるなどということはせず、時間がある方がやるという、ギスギスしない形で何となくできてしまった。互いに生活をするうえで柔軟で妥協的であった。

そして私は電撃結婚の一カ月後、九月のはじめに、エール大学へと向かった。新婚の甘い（？）生活はわずか一カ月。何だか悲しかった。学問の道というのは実に過酷なものでもあるのだなとしみじみ感じながら……。

エール大学での学問漬けの日々

エール大学にはスターリング・ライブラリーという、巨大で荘厳な図書館がある。そこには多くの学生が早朝から深夜まで絶えずやってきて勉強していた。シーンと静まり返った空間。聞こえるのはペンを走らせる音とページをめくるかすかな音だけだ。全米から選ばれてきた人、わずかな留学生、それぞれがみんな必死で学問と向きあっていた。格調高い自習室にはソファや皮張りのひじかけ椅子も多く、どこに身をおいても幸せで、とても贅沢な空間だった。

私の留学はロータリー財団の奨学金で可能となったのだが、その支給は一年間のみ、その後どうなるかの見通しは立っていなかった。最終的な目標は博士号を取ることだったが、一年では修士号を取るのがやっと。それさえ難しい挑戦だった。費用のことだけではない。大学院生は一年で三分の一に減らされてしまうという、学問の競争面でも過酷な世界だったのである。

私は一年で修士号を取得することに、全力で挑んだ。ここで学位が何も取れなければ二度と「世界」と出会うことはないだろうという切羽詰まった思いだった。世界に通じる学問、世界に羽ばたく学問、それらを含む世界の地平を見つめる位置に、二度と立つことはないだろう。

私の人生には猛烈に勉強をし、自分の能力が飛躍的に高まったと感じる時期が二、三回あるのだが、エール大学でのこの一年は、まさにその一つだった。

私の毎日は、教室と研究室とあの素晴らしい図書館、その三角形を行き来してひたすら勉強し、あとは図書館の隣の学寮に休みに帰るというものだった。講義がないときは大抵図書館で過ごす。

夕食は学寮のダイニングルームで六時からだった。友人たちもみんな若く、お腹がすいてくるから、夕方五時半ごろから食事モードになって、集中力もなくざわついてくる。それで六時から夕食をとり七時にはみんな勉強に戻った。八時ぐらいになると佳境に入り、エンジンがフル稼働、次に我に返るのが一二時ぐらい、という集中力でみんながんばっていた。八時ごろ、その日に計画していた勉強のはかどり具合をみて、成果が出ていないとものすごくあせったことを思い出す。友人の専門は経済学や文学から、物理や統計学までさまざまであったが、大学院生には特別な時間がいつも流れていた。

学寮は図書館の隣なのに、夜中の一二時ぐらいに女の子が歩いて帰るのはやはり恐い。そんなとき電話一本でガードマンがエスコートして寮まで歩いてくれるサービスがあった。ガードマンはアルバイトの学生なのだが、本当に強そうなお兄さんが寮の門まで来てくれるので、女子学生も安心して遅くまで勉強することができた。

私が留学中に暮らしたのは、格式ある学寮だった。一階にはビクトリア朝のダイニングホールがあって、仲間と交流することができた。寮と学校の行き来のなかで恋愛し傷つき、学問と両立できなくなる人もいたが、みんな青春の悩みを抱えて、それぞれが闘っていた。

学問も青春も、共有するものがあったから、私たちはそこで語らうことで十分満足していた。たまにダイニングホールが休みで閉まっているときは、友だちとピザ屋に行ったり、教職員が行くバーにも行ったけれど、そんなことはまれで、そういう息抜きをしなくとも、大学と寮だけで私たちは充足していたように思う。純粋に学問を追究する、若い魂の特別な時間と空間が、そこにはあった。

うれしい留学延長

夢中で過ごした一年弱の留学生活。五月には念願の修士号も取得でき、日本に帰る日が近づいていた。あるときルームメートが「ちょっと本を買ってきて」というので、言われるままに本屋に行って戻ってくると、隣の部屋に誕生パーティの舞台がしつらえてあって、「クニコ、おめでとう！」の大喝采を浴びた。猛勉強の日々を共有した親しい仲間の顔、顔、顔。修士号も取れて晴れて留学生活も終了する。これを祝って、仲間がひそかにサプライズ・パーティを用意してくれたのだった。日本から来たクニコの留学の成功に乾杯！　学友の気持ちが本当に嬉しかった。同時にこの無心に学問に浸っていた時間ともお別れ、みんながばらばらになっていくのだという寂しさにも包まれていた。

そのパーティの後、帰国の準備をしていると、大学院の主任教授であったアルフレッド・ステパン教授に研究室に来るように呼ばれた。教授はラテンアメリカの民主化研究の第一人者。「クニコ・イノグチ、あなたは一年で学業を放棄すると聞いているが、その説明を聞きたい。大学院では優秀な成績だったのになぜ放棄するのか。しかも博士課程に在籍しているのにどうして修士号だけでやめるのか」と質問された。私は学費がないことや、留学生なので日本に帰るしかないのだということを説明し、もちろん学問を放棄したいわけではないと話した。すると教授は、「学費のことなら方策はある、あなたは成績がトップクラスだからエール大学で学費と若干の生活費をみることは可能と考える」と言ってくださった。

もう少ししたら日本に帰る心積もりだったので、いろいろな調整が必要だったが、それでも結局、ステパン教授のありがたいアドバイスによりエール大学の奨学金を受け留学を延長することにした。しかも、一年間をスイスのジュネーブ大学で博士論文のフィールドワークをし、それからまたエール大学に戻るという段取りになった。ジュネーブ大学へはエール大学に籍を置きながらの留学となったのである。ジュネーブにはさまざまな国際機関があり、とりわけ途上国についてのデータが豊富であったので、ジュネーブに行くのは好都合だった。加えて、孝がその年ジュネーブ大学に客員教授として赴任する段取りとなっていたため、そういう私の家庭の事情も配慮してくれたのだった。これで学問を続けることができる、博士号を目指すことができる、と深い喜びがこみ上げてきた。ステパン教授が私の道を開いてくれた。

博士号取得のための険しい道のり

博士号、いわゆるPh.D.を取得するのは生易しいことではなかった。まず、コンプリヘンシブ・イグザムと呼ばれる、総合試験に合格することが第一歩になる。これは社会科学者としての分析手法や理論的能力を有しているか、専門分野について体系的な掌握があるかなどをチェックする試験で、これを突破すると、Ph.D.候補者という地位になる。これでようやく論文にとりかかる資格を得ることになる。だから大学院に行ったからといって、博士論文を提出できるわけではないのだ。Ph.D.候補者になってはじめて論文のための学説や仮説を議論し、提出することが可能になり、その仮説が受理されると、それを検証して論文として仕上げていくことが許されるという、結構長いプロセスがある。

最初の関門であるコンプリヘンシブ・イグザムは大変な試験で、ここで挫折する人も多い。この試験は大学によって呼び名は違うのだけれど、コア・リーディングスを何百冊も読んで、その分野についてはどこから質問があっても答えられる博識を有していないと通らない。その分野については何十回かの体系的な講義が立て板に水のごとく、すぐできてしまうような能力が求められる。自分の特定の学問的関心があるテーマだけでなく、近隣、周辺部分も含め、体系的把握力が問われるのだ。たとえば私なら、国際政治の理論分野の系譜、いろいろな研究者がこう言って、こういう反論にあって、次の研究者がこういう流れをつくってという、学説史を説明できなければならない。学問、研究、思想は、共通に読まれている文献、共通のジャーゴン（専門語）、概念によってしばしば確立されるから、それらを自在に投げ合えなければならない。適格な文献が次々と上手に引用され、口頭試問においては、まさに丁々発止《ちょうちょうはっし》で教授陣と議論し論争できるということでなければならない。しかも、それが主分野（メジャー）と副分野（マイナー）の二分野で必要だから、コンプリヘンシブ・イグザムに挑戦する段階でいやおうなく博学になる。それも全部英語の文献だから、おかげで専門的な表現を英語でするのは相当得意になっている。

これに通ってはじめて自分独自の仮説を立て、検証して博士論文を書くのだから、長い道のりである。私はエール大学、ジュネーブ、東京を行き来しながら、ついに一九八二年にPh.D.を取得した。大学院留学をするとか、大学院課程を修了する人は多くとも、Ph.D.まで取得するのはごく少数であった。私と同期でエール大学の大学院に入った三〇名ほどの院生のなかで、Ph.D.を取得したのはわずかに四、五人であったと思う。

Ph.D.を取得するというのは、日本ではそう多くなく、あまり知られていない。それはアメリカのように、それを取得するためのプロセスが確立されていないからかもしれない。難しく長い道のりではあるが、プロセスがはっきりしていれば、それをたどって、Ph.D.取得の道がみえてくる。それが日本にはないから、Ph.D.も広まらないしその重要性も認識されないのだと思う。アメリカでは職業人としての研究者養成の近代的プロセスが確立されている。日本でもそういうプロセスを明確化させ、研究者養成が行われるとよいのだが……。

日本ではあまり知られていないPh.D.ではあったが、猪口孝はPh.D.を取得した最初の世代だったから、国際政治学者として国際的な仕事をするなら、Ph.D.取得は絶対に必要だ、それを取得するまで妥協してはいけないと強く言い続け、常に私を励ましてくれた。私自身もPh.D.に至るプロセスに自分の身を置き、あきらめずにやり抜くことで、孝と共有できる人生の部分が大きくなるような気もして、渾身の力を注いだのだった。

当時、国際政治学は男の世界だったから、それを目指したときから、私は何らかの特別な努力をしなければならないと感じていた。もちろん誰よりも粘り強く、継続して学習し、研究するということもあったが、学位や特別な資格をもつことが強みになることを直感していた。そのためにもPh.D.取得は不可欠に思えた。Ph.D.を取得したからといって、その努力がそう簡単に報われるとは思っていなかったが、少なくとも女性だからといって差別されないのではないかという直感が働いた。

Ph.D.を取得しても、予想通りというべきか、それが評価されることはなかった。私のこれまでの努力はなんだったのかと思うほど、Ph.D.取得の研究者として優遇される場面もなかった。しかし、たとえば研究者として海外の学会で発表をするときや、軍縮大使として国連など多国間外交の場裡で中心的役割を果たそうとするなど国際的な仕事をするときには、Ph.D.取得者であることは、有利な条件であったと感じている。また、苦労してPh.D.を取得したことが、日本でも世界でも少なくない女性であるというハンディを、いくらか和らげるのに役立ったように思う。

オン・キャンパス・レジデンスのすすめ

エール大学の留学一年目の生活はすでに述べたが、ジュネーブ大学に一年行き、その後エール大学に戻っての学問漬けの日々は、同じように充実したものだった。違うのは一年めのように学寮に住むのではなく、ルームメートと大学近くのアパートに住んで自炊したことぐらい。ビクトリア調の大きな家で、いくつかの学生用の部屋に分かれているというものだった。アパートといっても大学から一〇分くらいのところにある大学院生専用のものだったから、大学との一体感は寮にいたときとそう変わらなかった。

教室と研究室と図書館、数値計算をするときに利用するコンピュータ・センター、そして自分の住まい、この三角形か四角形かの空間で暮らすのだ。大学には学食やカフェがあって、教授たちもそこで一緒にご飯を食べたりお茶を飲んだりしている。そこで交わされる会話は学問のことばかり。研究室には自由に出入りができ、図書館は二四時間開いていて、そこに毛布を持ち込んで終日勉強をしている人もいる。

このような特殊な研究世界が町のなかに成立する。ある意味閉ざされた、仮想化した研究環境。そこには学問への気迫があふれ、研究も生活もすべてがそこで完結する、いわゆるオン・キャンパス・レジデンス（キャンパス内居住）。そのなかから研究者が育ち、研究分野をリードする学問も生まれてくる。

私は日本の大学改革でやることとは、大学のキャンパスを大学生の生活をすべて包み込むようなオン・キャンパス・レジデンスにすることだと思っている。学生も大学のエリア内に住む。大学生だけではない、教授たちも望むならその周辺に住む。実際、ハーバードにはすぐ近くにレジデンシャル・エリアがあって、ノーベル賞学者も住んでいる学者村のようなところがある。そこから教授たちはぶらぶらと歩いて自分の研究室にやって来る。学生も近くに住んでいるから、同じように歩いて来る。その研究環境で暮らすから、学問への情熱が途絶えることがない。いまの日本のように通勤・通学で二時間かかるということになると、一歩大学の外に出れば学問とは全然違う世界に触れるから、家に帰ってからもう一度学問への熱意をもち直して勉強に向かうのは並大抵なことではないだろう。

猪口孝が通ったＭＩＴも、私が過ごしたエール大学も、二四時間学問漬けになるようなオン・キャンパスの仮想空間があった。そこで学んだことが、私の学問の原点になっている。常に自分の学問の原風景としてあるのが、そういう研究環境である。学問は最後は自己との闘いであるけれども、同じ時空に同様の闘いをしている仲間がいることは支えになる。人間は弱いから、集中力が途絶えたり、気力が出ないときもある。そこにもう一度エンジンをかけ、自己との闘いを続けるには、そういう環境が必要だ。

だから、日本に帰ってきてからも、できるだけ大学の近くに住みたいというのが孝と共有した情熱になった。事実、東大の本郷キャンパスの隣のマンションで二〇年近く暮らし、彼はそこから歩いて大学に通った。それが彼の初期の学問の成功の秘訣だったと思っている。

鶴見和子先生の助手から上智大学法学部へ

博士論文をほとんど書き上げたとき、私は日本に帰る決心をした。日本に帰って教職を目指したいと決意を告げると、担当教授は「アメリカに残ることはできないのか。エール大学の私の研究室を出た学生は必ず助教授への道が開ける。アイヴィー・リーグの大学からのオファーがある。しかし日本に帰ったら職業はないだろう。合理的な選択をしなさい」とおっしゃった。私はそのときずいぶん悩んだ。確かに、日本でのことは何も決まっていなかったから就職できない可能性もある。

しかしいろいろ考えた末、その教授に「私はやはり自分が生まれた国、生まれた社会を信じたい。道が開けるまで、がんばってみたい。ここで学んだ民主主義、男女平等、戦争と平和、平和への戦略を次に続く世代に教えていくことが私の使命だと思う。そのためには自分の国に帰らなければならないのです」と話した。Ph.D.の論文の最終的な仕上げは、日本に帰ってから、ということになった。

担当教授や研究科の委員長などに引き止められながら、私はそれを振り切るようにして日本に帰国した。ところが帰国してみると、教授の予想通り、本当に就職先がなく、半年間浪人生活を余儀なくされた。当時は大学教員は公募制ではなく、どこにどういう空きがあるかということがわからなかった。たまに募集していることを教えてもらっても、政治学の世界では、女性というだけで真剣な候補として扱ってもらいにくかった。アメリカに留学していたことも評価の対象にはならなかった。あの就職浪人の時期は、いま思い起こしても本当につらかった。

そんな私を救ってくれたのは、女性の学者として先駆者だった鶴見和子先生だった。先生は社会学の先駆者として、当時、上智の国際問題研究所の所長、それも初の女性所長を務めていた。先生は助手を求めていて、私に声をかけてくださったのである。面接試験を受け、書いている論文を見ていただき、助手として採用ということになった。

鶴見先生は Ph.D.を取得しているという点でも先駆的な方だった。私は女性で Ph.D.を取るのがいかに大変であるかは知っていたし、自分はあと一歩のところで、まだそれを手にしていなかったから、鶴見先生をとても尊敬していた。学問分野は社会学と政治学で違っていたから、先生にとって私はあまり役に立たなかったかもしれないのに、それでも私に研究の場を与えてくださったのだから、ありがたいことだった。先生とは分野を超えていろいろな交流をさせていただいた。

研究職というコミュニティに一度入ると、今度は、どこに空きがあるかという情報も入ってきた。私に声をかけようかという動きも出てくる。最初の一歩がないとそれもかなわない。その意味で、鶴見先生が私を助手にしてくださったことは、私の学者人生の分水嶺になったのである。

鶴見先生は思想の先端を見据え、優れた研究と著書を残された。常に先端を認識し先端を走り続けられた方である。その先生が女性の先駆者として次に続く私を引き上げ、助けてくれたのだ。先生には直接ご恩返しはできないが、私も次に続く女性たちに何らかの手助けができる機会があれば、それをすることで、先生へのご恩返しとしたいという気持ちをずっともち続けている。女性を男性よりことさら優遇しようというわけではないが、情熱や志をもって突き進んでいる女性とは連帯していきたい。鶴見先生も私と同じような考えをおもちだったようで、「私も誰かのお世話になっていまがある。だから私も……」とおっしゃっていた。社会はそのように循環し、発展していくのだと思う。

鶴見先生は、日本の文化としての着物を愛されていた。夏は涼しく冬は暖かい、合理的でしかも美しい着物とそれを育んできた日本の文化を誇りに思われていたのだろう。先生はよく着物で講義をされていた。先生の真似をするわけではないが、私も着物が好きだったので、その後よく着物で教壇に立った。ゆるぎない日本の文化、思想を実践された先生を、いまでも懐かしく思い出す。

その後、上智大学の法学部に国際関係法学科を新設するので、国際的に対応できる新規の教員を求めているという情報が入り、応募したところ採用されることになった。鶴見先生のところにいたのは半年という短い期間だったが、おかげですぐに専任講師の職を得て、本格的に私の学者人生がスタートすることになった。

一人の学者を大成させねば

二四歳で慌ただしく結婚し、それからすぐに留学のために渡米。孝とは一年後にジュネーブでいったん合流したとはいえ、また単身エール大学に戻っての留学生活の時期もあった。ようやく私も安定した研究職を得て、やっと夫婦二人の落ち着いた学者生活が始まった。もう私も三〇歳近く、孝はその間多くを一人でがんばってくれ、私を支え続けてくれたのである。

孝はすでに三〇代後半、学者としての成果も出始めていた。実際、猪口孝は妻の私が言うのも何だが、輝いている学者だった。三〇代、四〇代は自分が学会をリードしていくのだという純粋な思いをもっていた。権力的に学会を支配するのとは無縁の、あまりにも純粋な学問への情熱だった。

だから、私は帰国して再び始まった結婚生活のなかで、「この才能ある学者を大成させなければならない」、「私はこの学者の一番身近にいて、それを可能にする人間なのだ」と強く思った。自分の学者人生ももちろん重要だが、この人を大成させることが私の人生の大きな課題だと思った。学者として大成するには、運もあるし、彼の能力、それには持続力、達成力なども含まれるが、ほかにもいろいろな要素が必要である。先は保証されていないけれど、少なくとも、同じ学者としての直感で、この人は卓越した何かをもっている、だからこれを花開かせるのも駄目にするのも私の責任だと思った。これは誰にも言えない私の大きな責務で、達成できなくとも誰からも責められることはないかもしれないが、私自身が生涯自分を責め続けるだろうと、真剣に思い詰めた。学者として伸びていくためには学問に打ち込める時間を確保してあげなければ……と、考えた。だから孝が私の学問のために家事などをやり過ぎていると思うときは、いまはあなたにとって集中できる時間帯だから、頼むから研究室に行って、と送り出したこともあった。

家と研究室が近くなければならないというのが、彼の生活スタイル。当時彼は東大、私は上智大だから、お互いの研究室の中間地点を住まいにすれば合理的のように思える。でもそれでは共倒れ。私は孝の研究を優先させたかった。そこで、新婚のときに住んでいた杉並の一DKのアパートから、本郷の研究室のすぐ近くにある二LDKのマンションに引っ越した。私は四ッ谷だから、本郷からでもそう遠くない。これでよしとしたのである。

彼は学者として、必死な生き様を貫いていた。そこには鬼気迫るものがあった。机に向かって没頭しているときは近寄りがたい何か特別なものをまとっているような集中力のバリアがあった。しかし、外に出るときはそのまとったものを捨てて、普通の状態になって出て行くので誰も気づかない。そばで見ていると、不思議な圧倒的な存在である。もしかしたら私も同じ学者として、その鬼気迫る何かを受け止める受信機をもっているということなのかもしれない。そういう受信機がない人から見たら、単に変な人と思うかもしれない。

だから、あえて言わせていただくなら、彼だって私と結婚してラッキーだったのだと思う。留学のときも政治家になったいまも含めて、いろいろな場面でたくさんの負担を彼の人生に負わせたかもしれないし、迷惑もかけたと思うけれど、彼の人生において重要な、学問への情熱という羅針盤を私も共有していた。羅針盤をもっている者同士だから、何も言わずとも通じあえる二人だけの了解事項も多い。そのような、閉ざされた二人の世界から、彼は自由な翼で世界に羽ばたいていったのだと思う。

彼の外の世界には恩師がいて、研究者仲間がいて、学生がいて、編集者もいて、そういう人たちが彼を支えてくれなければ彼の学問は成り立たなかったけれど、内の世界には妻であり研究者として同じ羅針盤をもった私がいたと思いたい。

若き学者が集う自宅の学術サロン

一人の学者を大成させるのは、口で言うほど簡単なことではない。なぜって、国際政治学者は日本に、世界に何千人といるわけだから。いくらいい研究をしていても、そこで頭角を現すのは大変なことなのだ。私たち二人の目標は国内で認められるというよりは、世界の学術水準において競争力を発揮して認められることだった。日本の学会のヒエラルキー（階層）のなかで神経をすり減らすより、純粋に研究し、地歩を固めることで、世界で通用し、認められていくことが重要だった。それには論文は英語で書かなければならない。英語で書いても筆者がアジア人であると、その名前だけで評価が後に回されてしまうという時代であった。当時の世界水準では日本もアジアも、まだまだ相手にされなかったのである。だから私は必死だった。こんなに情熱をかけていい研究をしている孝を、正当に評価してもらいたいと願っていた。

そこで私が考え出したのが、我が家で夕食会を催すことだった。当時、日本に来る研究者は少なかったが、来日した学者を自宅に招くことで、学術的なサロンの場を提供していくという考えである。ときには編集者や日本の研究者仲間も来てくれた。食事はフルコースで五月雨式に出せるように、次のものをオーブンに入れて、タイミングを見計って私も討論に加わってと、自分のあらゆる能力を総動員して学術サロンのマネージャー役に徹した。これは孝という若い学者を、世界の研究者に、次代を開く一流の仲間として認識してもらうには、かなりよい方法ではないかと思った。家に来てもらえば、時間を気にすることがないから、本当に深い議論ができる。方法論から文明論まであらゆる学問のテーマに入り込んで行く。

日本ではこのようなパーティを主宰するという伝統がないから、研究者たちは我が家に招かれたことが深く印象に残るようで、孝が欧米に行ったときには逆に自宅に招いてもらい親しく交流させていただくようなこともあった。実際、猪口孝という一人の学者を認識してもらう格好の機会になったと内心自負している。

私はそういう側面支援に情熱をかけて取り組んだ。海外の人を招くのだからテーブルセッティングにも気をつかう。朝早くから買い出しに行きながら、メーンになるものは自分でつくろう、デザートは買ったものにしようなどと、手づくりする部分と、市販品をうまくアレンジする部分とを考え、ワインの用意もし、走り回った。自分の研究時間のこともあるから、できるだけ手際よく準備をしなければならない。

二LDKの小さなマンションでも、人を招いておもてなしをすることができる。テーブルがあって、椅子が六脚とか八脚あれば、テーブルクロスをかけて、ディナーセットをそろえ、ロウソクを立て、テーブルフラワーを飾って、あとは真心があればできるのだ。

家で夕食会を開くノウハウは、ジュネーブで新婚生活を送ったときに友だちから教えてもらった。フランス料理のフルコースのつくり方も教えてもらったが、何よりいろいろなパーティに招いてもらい、家庭を舞台とする社交生活を見せてもらったことが大きかったと思う。こういうふうにして人様をおもてなしすればいいのだということがわかって、これがその後の私の流儀にもなっていった。忙しいときはどうするかという裏ワザだって教えてもらった。

実際、デザートを買いにいくヒマがなかったときのこと。

「あなたの冷蔵庫に何があるの?」

「バナナが二、三本あるわ」

「じゃあ、それを切って、リキュールを垂らして火にかけてアルコールを飛ばしてね。それに、バニラアイスをそえて出してごらんなさい。素晴らしいデザートになるから」

友だちに言われた通りにすると、それは皆さん絶賛の一品になった。機転を利かせてピンチをしのぐ方法も学んだのである。ジュネーブで教わったおもてなしの術やお料理の方法をベースにして、仕事をもつ忙しい女性として、自分なりの方法論も見出していったと思う。アメリカのエール大学に戻ってからも、夫が訪ねてくると友人を招いてしばしばパーティを行った。

そんなわけで、我が家でパーティをすることは、ごく自然な成り行きでもあった。我が家に来てくれるアメリカの友だちは学者が多かったけれど、ヨーロッパやアジアのお客様は学者のほかに外交官もいた。彼らは都心の青山や六本木などの立派な居住区からあまり離れない人たちなのだが、私たちが住んでいた小さなマンションに、地図をたよりに苦労しながらも、楽しみに来てくれたのだった。デザートやコーヒーがすんでもなお夜遅くまで、政治と外交と学問について語り合う、世界からの職業人が私たちのささやかなサロンを行き来してくれるようになった。

我が家の食卓を囲んだ若き学者たち。そのなかから、後の全米政治学会の会長が続出し、アメリカの政治学の先端に踊り出て活躍する人たちが多く出た。孝もその人たちとともに、学会の基調講演者やパネリストとして招かれるようになっていった。ささやかな夕食会ではあったが、そこに集まる人は学問の先端を行く熱き志をもった人たちだった。類は友を呼ぶというのだろうか、孝は先端にいる人にしかわからない鋭い勘で、そういう人たちを招き、議論を闘わせたのだった。

こういうホームパーティを初期のころは月に一、二回はやっていただろうか。私も学者として論文も書かなければならない、学生も教えなければならない、おもてなしと私自身の学者人生をどう両立させていったらいいのかと、負担に感じ悩んだこともあった。でもそんなときは孝の才能をいかしていくために、全力で協力しなければならない、私はこの人を学者として大成させる責務があると、自分の原点に戻り、悩みとの折り合いをつけた。しかし考えてみれば、そこで先端に挑む若き学者たちと交わした議論は、私自身の学問にとっても大きな糧《かて》となっていたのである。その後も、政治家になって内閣入りしたときを除いて、開催の頻度は少なくなったとはいえ、学術サロンは続いている。

『戦争と平和』を書く

孝を大成させたいという思いは強かったが、もちろん自分自身の研究を軽んじていたわけではない。学者夫婦として、懸命に二人で走っていたと思う。もともと書くことが好きだったので、論文は数多く書いていた。そのいくつかの論文が一つにまとまって、『ポスト覇権システムと日本の選択』（筑摩書房）が出版された。これが私にとっては、邦文では処女出版となった。留学から帰って五年後、一九八七年のことである。

この本は、一六世紀から二〇世紀までは覇権戦争の循環の歴史であったこと、第二次世界大戦後、アメリカが覇者となって世界の秩序を構築しているようにみえるが、それが揺らぎ始めているということ、覇権の次に来るものは何か、日本はどういう選択をすべきかということを論じたものだった。

当時はあと一〇年ちょっとで二一世紀を迎えるというときで、時代はどう動いていくのか、二一世紀像をのぞいてみたいという世のなかの欲求があった。女性の政治学者は珍しいし、この本に書かれていることはメリハリもあって面白いと思われたようだ。この本が出ると、テレビ、雑誌、新聞、さまざまなメディアから、話を聞きたい、関連の特集を組むので出てほしい、インタビューに応じてほしいという依頼が殺到した。毎日のように電話がかかってくる。私は時代の寵児になりつつあった。これまでまったく無名で、地道に学問を追究してきた自分に突然光が当たりはじめたのだ。突然花開いたような、急にセレブになったような、うきうきしたときめきがあった。しかしそれはまさに浮き足だった状態だったのである。

そんな私に、孝は「依頼を全部断れ」と強い調子で忠告した。なぜそんな過酷なことを言うのかと、私ははじめ反発した。学問の世界で女性が芽を出すのがいかに困難か、才能があっても芽を出せない女性たちが世のなかにはたくさんいる。これまでの地道な努力が少し実って、いまようやく光が当たって来たところなのに、これを無にしろというのかと、お互いに相当なやり取りがあった。「あなたはまだ一冊も書き下ろしていないではないか。学術書を本気で書き下ろすべきだ。そのためにはメディアに振り回されているヒマはないはずだ」というのが彼の主張だった。マスコミ対応に忙しく、集中した仕事ができていない私は、学者として決して幸せになれないと、彼は私の浮き立つ姿を見て危機感をもったのだろう。学者として生きる選択をしているなら、学者としての過程をきちんと踏んでいくべきだ。学術書、できれば理論的体系を書き下ろして、自分の研究をまとめ上げていかなければならないというのが彼の信念でもあった。

激しいやり取りの末、ついに彼が勝利した。いつかは書き下ろしの学術書をまとめ上げなければならないという、その重要性は私自身も認識していたのである。ただ、いまようやく光が当たって、毎日電話が鳴り響いているのに、その依頼を全部断って、本当に書き上がるかどうかもわからない学術書に没頭できるのだろうか……と悩んだ。

孝は学者として大成したいのならそれをやるしかない、いまここで失うものがどんなにあろうと、それは後で取り戻せるし、取り戻せないものがあったとしても学者になるための犠牲だったと思えばいい、それぐらい、いまどう決断するかが重要で、いまが学者として生きるうえでの分かれ道なのだとも言った。ついに私も孝の言う学者人生を選び、メディアの依頼を断る決心をした。

すると、孝は自らが編者になっている、東京大学出版会が出す現代政治学叢書のなかの『戦争と平和』を担当してみないかという話をもってきた。この叢書は日本ではじめての政治学叢書で、政治学の理論研究の先端に挑む者を結集し、全二〇巻、政治学という学問を体系的に描きたいという野心のもとに編まれたものだった。

「戦争と平和」というテーマは私のライフワークでもある。しかしとてつもなく大きなテーマだ。これまでに戦争に関する理論の体系論というのはあまり成されたことがなかったから、これは大変な仕事をすることになると全身が震える思いだった。書き上げられるか自信はなかったが、本当にやり甲斐のある仕事であることは間違いなかった。マスコミのなかで咲きかけている花を、全部自分で刈り取っていくような選択をし、いま学者としての自分の人生を生きている。だからこれをやり遂げなければと没頭して、『戦争と平和』を書き上げるための数年を生き抜いたのだった。

私の人生を左右するほどに激しく詰め寄っただけに、孝も私にこの本を書き上げさせる責任を感じたようだった。書き上げる最後の半年の間、彼はあらゆることにサポートを惜しまなかった。私の食事の管理もすべてやってくれた。その間、私が夕食をつくるということは一度もなかったのではないだろうか。日中、研究室や図書館で執筆に没頭するあまり昼食を食べ損ねてしまうことが多かったのだが、それを心配してか、彼は夏休みになると、本郷の東大から四ッ谷の上智まで、長い道のりを歩いてやってきて、昼ごはんを食べようと誘い出してくれたのである。

電話にもすべて彼が出て、マスコミからかかる私への依頼については、「猪口邦子はいま忙しい」と言って片っ端から断っていった。私が電話を受けていたら断りにくかっただろうことを、彼は本当に迷わず、ある種殺気立って断っていく。

学者には殺気をまといながら進む学問の道というものがあるのかもしれない。孝にもそういう時期が確かにあったし、そのときには私もさまざまなサポートをしてきたつもりだ。そして『戦争と平和』を書いているときは、彼がそれをしてくれたと思う。渾身の力を振り絞って書いた本は、ついに完成した。終始、励ましてくれた編集者ともども、最後の力まで注ぎ尽くし、あたかも倒れこむようにして仕上げたのであった。この『戦争と平和』は学術書なだけに、『ポスト覇権システム……』のときほどの注目はなかったが、学問的には評価され、女性としては初の吉野作造賞をいただくことになった。それ以降、女性の受賞者は出ておらず、政治学の世界で女性が学術書を書き下ろすことの困難さを示している。私にしてもこれは一人ではできなかった。鬼のように立ちはだかって、研究室に純粋培養状態をつくり出してくれた孝がいなければ、到底できないことだった。そして東京大学出版会の竹中秀俊氏という卓越した編集者にも巡り会い、そういう幸運が重なって一冊の専門書を生み出せたと思っている。この本が世に出たのは一九八九年のことである。

講義にもいかされる『戦争と平和』

『戦争と平和』を書き下ろしたことは、私にとってやはり大きな自信となった。これをやり遂げていなかったら、自分は研究者としてこれでよいのかと、焦り続けていたかもしれない。その焦りを払拭《ふっしょく》できただけでも大きな収穫であった。そして、自分の講義の内容も水準が格段に上がり、体系的に展開できるようになった。『戦争と平和』は小さな本ではあるが、それを書くために何百冊という本を読み何万枚というカードをつくって、知のエッセンスを凝縮していったおかげだろう。自分自身を再教育し、教育者としても水準を上げることができた重要な一冊となったといえる。

私のゼミでは、エール時代のコンプリヘンシブ・イグザムに挑戦するときにやっていた勉強のスタイルを再現していたのだが、これができるようになったのも、この本を書く過程があったからだと思う。ゼミではまず関連文献を読み、仮説を立てて検証するというやり方を徹底した。そして論文を書き、最後には学会のように各自が研究発表する。時間は一五分、これをミニ学会と名づけた。普通の学会も一五分の発表で、その後に激しい質疑応答がある。それと同じような形式にしたのだ。学生たちには、少なくとも私のゼミにいる一年間は、学者になったと思って過ごして、学者として発表してほしいと言い渡していた。

最初は発表力がなく、自分が研究したことを口頭で説明することが難しかった学生たちも、口頭での質疑応答を何回か繰り返すうちに、発表力を身につけた。そして、なかには最後のミニ学会で、専門の学会をしのぐほど水準の高い発表をする者も少なからず出てきた。

『戦争と平和』は幸いなことに、多くの大学で教科書として採用され、一八歳、一九歳という、次に続く世代の若者に、国際政治学の体系書として（は少し難しいかもしれないが）、確実に読まれ続けているのは嬉しいことである。

最近、ある省庁の幹部と話していたら、私の『戦争と平和』を読んで職業人となってから自分で勉強したという話になった。「学生時代にあいう教科書があったら、もっと勉強できたのに」という言葉を聞いて、私は本というのは思いもよらないところで読者を得ているのだなと、改めて報われる思いであった。論文であったらこれだけの影響をもたらすことはできないだろう。論文は先端的なことを扱うので刺激的ではあるが、次の先端が切り開かれると読まれなくなるし、若い学生の手に渡る機会も少ない。汎用性のある本として残しておくことの重要性を感じた。

何百、何千の女性たちの思いを胸に

『戦争と平和』を書き下ろしたとき、エール大学のステパン教授に「日本の国と社会を信じて、日本で研究者になりたい」と言って帰ってきた日のことが思い出された。この大きな仕事で、あの日の決意、責任が果たせたような、少しホッとしたこともあってか、その後すぐに妊娠・出産することとなり、娘二人に恵まれた。子どもは大好きで、ずっと産みたいと思っていたのだが、学問の重さとの狭間で、最初から悩んでいた。

当時は働く女性が子育てと仕事を両立できる環境は整っていなかった。学者の世界でも、結婚ぐらいまでは男女平等で競いあっていても、子どもを授かった途端に風当たりが強くなり、志半ばにして大学を去る人の話がよくあった。

戦後、無資源国が無から立ち上がり、高度経済成長の時代を築き上げていくときに、家庭はある種の男女分業を強いられた。男は企業で目いっぱい働き、女は家庭を守り、子育てをすべて引き受け、近代産業振興のための役目を担ったのである。そういう時代は歴史的なある期間だけで十分だったはずだが、いまだに続いている。欧米ではすでに働く女性が多い時代になっているのに、日本では慣習として残り、いまも家族分業を強いているところが多い。

もっと前までさかのぼれば、女性が社会に出て仕事をするという発想がほとんどなく、女性は家を守るものという風潮が支配的だった。子どもも多く、子育てが終わるころには自分の寿命も終わり、女性の生き方は、妻として母として生きること以外に選択肢がほとんどなかった時代でもあった。私の母も少しは自立する生き方、自分にはかなわなかった生き方を娘世代に託したともいえる。

ちなみに現在はどうかというと、私たちの時代より多少働きやすくなっていると思うが、出産を機に七割の人たちが退職を余儀なくされているという。これは依然として子どもをもって正規の仕事をすることの難しさを物語っている。

女性たちは自らの志をあきらめざるを得ない場面が多かったのではないか。私はこの何百、何千の女性の無念を思う。自分自身の志をあきらめずにやっていくことは、多くの女性たちの思いを背負っていくことでもある。子育ても学者の仕事もあきらめずにやっていく。一人の人間が志を貫くことは多くの女性たちの無念を晴らすことであり、次に続く女性たちが志を貫くための道筋をつけることにもなる。それは細い道筋かもしれないが、誰かがやらなければ……という意識がいつもどこかにある。

子どもを授かったときに、子育てと仕事の両立にとにかく努力してみようと考えた。そして最初の数年間は子どもを最優先にしようと決意したのである。子どもたちは本当に可愛く、苦労も多いが楽しみも多い充実した日々であった。それまでは、春休み、夏休みを含めて年に四分の一くらいは海外に出張するという生活を送っていたが、子どもが生まれてからは外泊をしないことにした。つまり、海外出張はしない、国内出張も泊まりがけのものはしない、必ず子どもを寝かしつける、それに間に合わなくとも、翌朝は必ず子どものそばにいるという、これまでの生活から考えたら、大転換だった。この生活では、海外での学会発表はできなくなり、研究者としての業績も多くを残せないが、不満に思うことはなく、その時期には自分の研究より、限られた時間内で学生に教えることを優先した。それでも海外からの研究者仲間は相変わらず招いていたから、政治学の先端の議論には加わることができた。夫のためにやっていた自宅での夕食会が自分のためにも大いに役立つことにもなった。

そしていまだからわかるのだが、子育てに一生懸命になる時代があったとしても、人生として長い目でみれば、それまでに懸命に培ってきたスキルや蓄積で、カバーしていくことも可能である。研究者であり続けようという志を失わない限り道はなんとか開かれる。しかし自分の苦労は次世代のためには社会的に解決していく責務がある。

私自身の経験から、いま、女性の科学者が志をあきらめずにすむようにいろいろな政策が進むように努力している。近年、保育園を設置する大学も増えてきているが、ハード面だけでなく、ソフト面でも支援していきたいと考えている。

たとえば、女性科学者の場合、子育て時期は論文の点数はどうしても少なめになってしまい、学問的な評価で不利になることが多い。そうすると、「あなたは片手間に学問をしているのか」と冷たい言葉を浴びせられるようなことは日常茶飯事。研究室でも歓迎されず研究チームの一員に入れてもらえないということもある。それを、たとえば論文の点数を期間を長くして評価すれば、どこかで挽回して優れた研究をする女性も出てくるのである。子育て期間を何とかもちこたえていけるように、女性研究者が不利にならないような配慮があっていいと思う。

また、これまで女性の科学者が一人もいなかったところにも、一人や二人はいなければおかしいという社会認識を形成し、認識の大転換をはかる。そしていま述べたような配慮が働くような仕組みをつくる。そうすると、そこで一人や二人は、出産や子育てを乗り越えて研究を続ける人も出てくるだろう。何百、何千の思いを晴らす人も出てきて、続く世代に道が開けていくのではないだろうか。

私自身も、女性が政治学を選択するのはあり得ないという時代に、志をもち生き抜いてきた。そうすると、女性が政治学を選択するのは十分に可能なことだし、ちょっと格好いいかもしれないと、多くの女性が政治学を選択してくれるようになる。だから一人でも扉を開くことはとても重要なのだ。女性よ、志をあきらめるな！ といいたい。

アンとシンシア――二人の女性学者

私のひと世代前、女性が志をもって生きることが困難だった時代に、子育て時代をもちこたえ、学者として大成された二人の女性の話をしてみたい。

一人はアン・ティクナー、全米政治学会の会長になった方で、夫はヘイワード・アルカーというやはり政治学者の大御所である。アルカー教授はMITの名誉教授で、孝の指導教授でもあった（アルカー教授は二〇〇七年八月末、急逝された）。二人はエール大学の同級生なのだが、学問のうえでは夫の方が順調に大成していくなか、アン・ティクナーは非常勤講師の職があるかないかの時代に、三人の娘を育て、悩みながら生きた。

もう一人はシンシア・ラセット。彼女は私の恩師、ブルース・ラセットの奥さんで歴史学者。最終的には教授になるが、女性史に関する先駆的な著書があるにもかかわらず、初期のころは不安定な教職に甘んじていた。

ヘイワード・アルカーとブルース・ラセットはエール大学の同窓で、しかも両者とも政治学の俊才で、ライバルのような存在だった。孝がヘイワード・アルカーの弟子で、私がブルース・ラセットの弟子だった関係で、この二組の学者夫妻には特別の思いがある。

私は、この二人の、著名な学者の妻であり自らも学者である女性の生き方に接し、そのあきらめない生き方に感動し、励まされてきた。彼女たちの子育ての時期は、米国社会でも女性がフロントランナーになりにくい時代で、それを認める風土もない時代だった。ましてや子どもをもって学者として生き残ることなど認められにくい時代。ベビー・シッターや友人を頼りに、それぞれ個人でやりくりしていた時代でもあった。学生のときに優秀で肩を並べていた男性が出世し、独身女性が教授として華々しく名を馳《は》せていくなか、彼女たちはどんな思いで、自らの学問と家庭の両立に挑んでいたのだろうか。

さっき朝食の準備をしていたのと同じ台所のテーブルで、タイプライターをたたいて論文を書いている。昼食のスパゲティをつくっていたそのテーブルで本を広げて読んでいる。そういう日常に私は留学生として触れていたのだ。子育ての時代を非常勤講師という身分でもちこたえ、ついに教授になり、学会で要職を得ていった彼女たち。私はその次の世代だから、彼女たちの世代のことを忘れまいと思う。彼女たちが辛抱して道を開いてきてくれたからこそ、私たちの世代があるのだから。

何年か前、アン・ティクナー教授とヘイワード・アルカー教授が来日され、このご夫婦と一緒に夕食のテーブルを囲んだことがある。「あなたも続けてくれて本当によかった」と言われて、お二人は私の努力を本当に喜んでくれた。そして、自分たちの時代は困難な時代で、社会的に生き残ることができなかった人たち、あるいは運に恵まれなかった人たちも多い、自分の友人はみな志を遂げられずにいる、ということを改めて語ってくれた。

老境にあって、そう語る姿に、彼女たちの開拓者としての闘いのすさまじさを思った。私はその世代の女性の学者を身近に見てきている。彼女たちの語られざる苦難と輝きを、続く女性の世代が忘れることなく記憶していくことは次の世代の責務であるし、自分も決してあきらめないと思う決意にもつながっていく。

3章　戦争と平和を考える

有史以来、人間は戦争を繰り返してきた。三五〇〇年の歴史を振り返ったとき、戦争の記録がなかったのはわずか二〇〇年ほどで、人間の歴史は戦争の歴史であったといってもいいほどだ。戦争によって多くの尊い命が奪われ、国は疲弊した。人々の生活は破壊され、精神的な傷も計り知れない。敗戦国はもちろん、戦勝国もである。それなのに戦争は繰り返される、なぜなのか。戦争を回避し、世界に平和をもたらすことはできないのか。

戦争で夫を失い、女子教育に生涯を捧げた高校の先生、人間性を奪われ過酷な生活を強いられた軍人、空襲で逃げ惑わなければならなかった人々、さまざまな戦争体験を聞くにつけ、戦争の悲劇に戦慄する。ベトナム戦争がアメリカの若者にもたらしたものも目の当たりにもした。戦争を回避して平和な世のなかにしなければならない。

そのために政治学者としてすることは、まず戦争を知ること。これが使命であり、学者としての私の大きな課題になった。

戦争はなぜ起こるのか、戦争を可能にするものは何か、いかにしたら戦争を回避できるのか、平和のために何をしていくべきか、くわしくは拙著『戦争と平和』（東京大学出版会）を参照してもらうこととし、ここではその概略と、学者として研究してきたことや軍縮大使として行動してきたことを中心に考えてみたい。

拡大傾向にあった戦争規模

二〇世紀は戦争の世紀といわれる。第一次世界大戦や第二次世界大戦は、これまでに人類が体験したことのないほどの、世界規模の戦争であり総力戦だった。

戦争の規模拡大傾向については、さまざまなデータによって示されている。

J・ゴールドスタインは一六世紀以降を三つの時代に分け、戦争の規模や性格を検証している。その区分けのなかでも、とりわけ戦死者が持続的に多数出た時期を「激化期」と呼んで、その時期の年間の平均戦死者数を比較している。第一の時代は三十年戦争（一六一八〜四八年）前までで、年間の戦死者数は一万〜二万人であったのに対し、第二の、三十年戦争からナポレオン戦争（一七九九〜一八一五年）の前までの時期は一〇万人前後、第三のナポレオン戦争以降第一次世界大戦（一九一四〜一八年）までの時期は二〇〇万人前後となっている。つまり、三期をみると「激化期」の年平均戦死者数は桁が一桁ずつ上がるほどの増え方をしているのである。

また、Q・ライトは一五〇〇〜一九四〇年に起こった戦争（法的に戦争状態と認められたもの、あるいは五万人以上の軍隊が関与した武力衝突）の事例二七八のデータを基に検証し、戦争の規模の長期拡大傾向を明らかにした。それによると、一七世紀には九六％の戦闘（城塞包囲攻撃を除く）が一日以内で終わっているのに対し、徐々にその割合が減少し、二〇世紀の前半の戦闘では、一日以内で終わる戦闘は四〇％と低下し、長期化が進んでいる。空襲など、破壊力は格段に高まっているはずなのに戦闘は長期化しているのである。年平均戦闘数も一六世紀には一〇六回だったのに対し、徐々に増えて二〇世紀には年平均八八二回と激増している。戦闘動員規模も一六世紀ではめったに二万人、三万人規模にならなかったのに対して、ナポレオン戦争ではフランスの人口の五％が動員され、第一次世界大戦では、主要国の人口の一四％が動員され、第二次世界大戦前夜には世界の常備軍は約八〇〇万人となった。実戦での死亡者数も、フランスの例でみると、一七世紀には人口一〇〇〇人あたり一一人だったのに対し、徐々に増え、二〇世期前半には六三人にもなっている。

ライトと同時代の平和研究者P・ソローキンは、戦争の回数、継続期間、軍隊の構成、戦死者数、参戦国数、動員率などを総合的に考察し、戦争指標を計算し、一二～二〇世紀におけるヨーロッパの戦争強度の拡大を示した。それによると、一五世紀の戦争指標を一〇〇とすると、一二世紀はわずか一八にすぎないのに対し、二〇世紀は三〇八〇と驚異的な強度になっている。一五世紀と比べても三〇倍、一二世紀と比べると一七〇倍の規模になっているということだ。

これらのデータは第一次世界大戦までのものであるから、第二次世界大戦はさらに大規模化していたと考えられるし、もし今後世界大戦が起これば、さらに規模は拡大し、悲惨な状況になることは容易に想像できる。第二次世界大戦後、大国間戦争を回避する努力がなされているが、これは必然でもある。

経済と戦死者数の関係

先にあげたゴールドスタインは「経済上昇期に戦死者数が増加する傾向にある」とする興味深い分析を行っている。これはかつての、ロシアの経済学者による「コンドラチェフの長波説」を発展させたものであった。

コンドラチェフは技術革新を大きな要素として時代の波を描いてみせた。つまり不況局面になるとそれを打破しようとして新技術を求め、技術革新が起こる。企業はそれを商品化して市場を開拓し、経済は上昇する。市場が飽和状態になるころ、軍拡が経済的にも可能になり、長期景気波動の頂点近くで大きな戦争が起こり、経済は下降に転じ、不況となる。そうするとその不況を脱すべく技術革新がなされ……と、大きな循環ないしは、大きな波があるとするものだ。

第一の波はイギリスの産業革命が頂点に達するころにナポレオン戦争が起き、第二の波は鉄道の普及という技術革新のもとアメリカにおける空前絶後の規模の戦死を記録した南北戦争が起こり、第三の波は自動車や電気で押し上げられた長波が頂点に達するころに第一次世界大戦が起こったとする。この波でみると、大きな戦争はちょうど五〇年サイクルで起こってくるというのだ。

コンドラチェフがこの説を示したのは一九二五年、三三歳のときで、ロシア革命の後だった。この説は、今後資本主義がまた新たな技術革新により上昇期になることを暗示していたため、彼は反動的思想を理由に流刑に処せられ死亡したので、この説は発展をみなかった。

コンドラチェフの経験則を踏まえ、数量分析で新たな地平を見せてくれたのが、ゴールドスタインだった。彼によると、三十年戦争、スペイン継承戦争、ナポレオン戦争、第一次世界大戦、第二次世界大戦と、ほぼ五〇年サイクルで、大きな戦争が起き、戦死者も多くなっている。しかもそれは経済上昇期に当たっているというのである。例外は一五七五～九四年の上昇期だけ。一九世紀（一八九二年）までは経済上昇期の戦死者は下降期の約六倍、二一世紀には何と二一倍にもなっている。これは経験則ではなく、実証データなので説得力がある。

ゴールドスタインはなぜ経済上昇期に戦争が起こるかについて、経済の拡張に伴って市場、資源、領土を求めて競争が激化すること、経済力により軍事強化が可能であることなどを示唆している。本来豊かさをもたらし平和を保証してくれるはずの経済発展なのだが、それによって軍拡のアクセルが踏まれ、戦争を誘発してしまう。つまり、経済成長の果実が戦争につながる循環があったことを肝に銘じておかなければならない。

いま、中国やインドなど、アジアは未曾有の経済成長を続けている。ゴールドスタインの分析は過去三〜四世紀のヨーロッパの分析であるが、経済上昇期は戦争の危険性を構造的にはらんでいるといえる。経済的に豊かになったからといって、それを武器購入に当てたり軍拡に費すのではなく、それをもっと違った建設的なところに振り分けることができるなら、過去の過ちを繰り返さずにすむのである。

戦争を可能にするもの

① 軍拡体制

ゴールドスタイン等による経済と戦争の関係を大局的な要件とするなら、戦争をめぐるより具体的で状況的な要因とは何だろうか。領土を拡大したいため、自国の力を誇示するため、交易を有利に行うため、相手から理不尽な要求を突きつけられたため、国を守るため、防衛のため、独立のため、思想・心情・宗教の違いによる軋轢のためと、さまざまな理由があるだろう。前述した、私がブラジルのアメリカンスクールで受けた「パール・ハーバーの授業」を思い出す。先生は、戦争にはたくさんの原因がある、国と国との間には複雑な背景があるとおっしゃったではないか。

確かに、その時代の、その国々の複雑な事情があるだろう。しかし、国をあげての戦争を可能にするには、そのほかにいくつかの必要条件がある。つまり、軍拡体制と動員体制の強化、戦争への大義名分と国民的な戦意高揚を促す社会心理などである。

戦争は武器を使って行われる。中世ヨーロッパなら楯や矛で重装備した歩兵の戦いがあり、騎士道の精神のもと甲冑に身を固めた騎士の戦いもあった。日本なら人馬入り乱れての合戦とでも表現するのだろうか。あるいは弓矢や小銃といった飛び道具を使った戦いもあったが、基本的には個人対個人のぶつかりあいだったから、名将譚や武勇伝が語られることも多い。この一対一の戦いの形は、文明初期から一四、五世紀まであまり変わることがなかった。しかし武器が大型化すると戦争はその様相を一変させる。大砲や機関銃などの武器の技術革新により、破壊力の拡大の時代となっていった。ナポレオン戦争でナポレオンは「戦争は大砲で行われる」と豪語し、戦いにおける破壊力拡大の時代の到来を告げた。その後、国々はこぞって武器の開発に乗り出し、兵器の大量生産や技術革新の競争も過熱していったのである。

そして第一次世界大戦のころになると、空軍の出現により、戦いの位相が劇的に変化した。地上戦を超え、空からの無差別大量殺戮が可能になった。戦闘員以外の人々が大量に犠牲となる、これまでにない戦争が繰り広げられたのであった。第二次世界大戦では、英国空軍のドイツ主要都市の空爆で六〇万人の市民が亡くなり、アメリカ空軍の東京大空襲では一晩で一〇万人の市民の命が奪われた。

武器の技術革新はさらにエスカレートし、核兵器の使用をも引き起こし、日本の長崎・広島の悲劇を生んだのである。第二次世界大戦後も東西冷戦のなかで米ソによる核軍拡競争が繰り広げられた。

また、第二次世界大戦後、世界武器市場が成長した。六〇年代は主にアメリカが同盟国に供与する形であったが、七〇年代はいわゆる石油危機により巨額の富を得た中東紛争地帯が買い手となり、市場規模は実質で三倍近くまで膨張する。これは石油危機で不況となった西欧諸国が、売り手としてシェアを伸ばしたことにもよる。七〇年代半ばは、武器などの現金売却が軍事援助の六〇倍規模になった。八〇年代は安い武器しか購入できない第三世界に武器を供給する市場の二層構造化も見られるようになった。

現在も武器市場は活発に、世界の紛争地帯に武器の供給を行っている。もはや武器の製造・販売は軍需産業として世界の大きな経済活動の一つになっている。武器の量的拡大は非合法ルートへの流出も加速させ、世界は国家間の軍事対立のみならず、内戦やテロなど複雑な大規模暴力の構造を内包するようにもなった。この構造をどこかで変えていかなければ平和は実現できないだろう。世界で武器をいかに減らしていくか。私が軍縮大使として仕事をしたのも、このためであった。

② 動員体制

戦争をするには、武器と同時にそれを使って戦う人間が必要である。日本をみると、初期には、農民が必要に応じて鍬を刀にもち替えて戦ったが、後に武士と呼ばれる、戦いを専門とする身分が出現し、領土や国を守る役割を担った。ヨーロッパ中世においても騎士階級が発展したが、実際の戦いは必要に応じて兵を供給する傭兵隊によってなされることが多かった。当時、長子相続制のもと、次男以下の男子の受け皿として、あるいは社会の不満分子の吸収場所として、傭兵隊は成長したが、絶対君主制による国家形成のなかで国王は常備軍をもつようになる。

そのような近代の軍政改革は、スウェーデンなどに始まり、フランスでは一七世紀末までにヨーロッパ最大の常備軍の整備が進んだ。そして一九世紀はじめ、ナポレオン戦争においては本格的な徴兵を実施したのである。

そして、国民皆兵の観念による戦争には「国のため」「大義のため」というナショナリズムと国民社会を鼓舞するさまざまな政策や手法が必要であり、ナポレオン戦争は、フランス革命のシンボルである自由と平等の旗のもと、ナショリズムを動員の原理とし、ヨーロッパ世界にかつてない規模の戦禍をもたらした。

ドイツのA・ヒトラーは「アーリア系人種の優越性」という反ユダヤ主義を掲げ、凄惨なユダヤ人の大量虐殺に及んだ。大恐慌で資本主義に不安をもち、台頭する共産主義に反発する国民に対して、人種主義でスケープゴートをつくって不満を転嫁するという手法をもって史上最大の戦争を仕掛け、敗けた。

ベトナム戦争では、米ソ冷戦を反映したイデオロギー対立のなかベトナムが共産主義化し、将棋倒しのようにアジア全体が次々と共産主義化しないようにという戦争のための論理（ドミノ理論と呼ばれた）が流行った。しかし介入戦争は泥沼となり、最後は大国であるアメリカの方が消耗して撤退せざるを得なくなり、米国建国史上初の敗戦となったのである。

戦争に人を取りたてる動員の論理については、政府も国民社会も、よほど注意深く、客観的に検討しなければならない。第二次世界大戦で大きな犠牲を払った日本人はそのことをよく知っているはずであり、だからこそ日本国憲法の平和主義のもとに、戦争を放棄し、平和に生きることを決意して、戦後の繁栄を築き上げてきたのだ。そのことを実に多くの国が評価していることは、私が軍縮大使として多くの国々と交渉するなかでも実感した。

以上のように、戦争を可能にするのは武器と動員の論理であり、武器を調達するためには、国は大変な国富を必要とする。だから経済下降期では大きい戦争が起こりにくく、むしろ上昇期に起こる。だからこそ、経済的に豊かになったときこそ注意して、平和的な使途について英知を結集しなければならない。

覇権戦争のゆくえ

一六〜二〇世紀にかけての大西洋世界における戦争は覇権戦争だったとみることができる。覇権国は圧倒的な経済力、軍事力をもって中心を形成し、国際秩序をつくっていく。周辺国はその秩序に従って行動しなければならないから、覇権をめぐる攻防はその時代の最大規模の戦いとなる。一六世紀の覇権国はポルトガル、一七世紀はオランダ、一八世紀から第二次世界大戦まではイギリス、それ以後はアメリカが覇権国となったといっていいだろう。ポルトガルやオランダが覇権国となった時代は大航海時代で、外洋を行き来し、世界と交易して利益を得た。イギリスが覇権国となった前期も同じような構図で、覇権国は交易圏を築いたり植民地化したりして、領土を拡大して富を集中させたのである。

覇権国は国際秩序を供給するためにさまざまな経済・財政的負担を担い、必ず時間の経過とともに消耗していく構図があった。覇権国が消耗してくると、覇権を取って代わるべく挑戦国が現れ、全面戦争となる。それは領土拡大という特定目的の戦いに留まらず、世界システムの覇者になるかならないか、国際的な秩序支配権をかけた覇権の座をめぐる熾烈《しれつ》な戦いとなった。ポルトガル時代の挑戦国はスペインであった。ところが全面戦争になったとき、不思議なことに挑戦国は勝利を収めることができない。そして、覇権国の側で挑戦国の野心を阻もうとして戦う、第三の勢力が次なる覇権国となることが多かった。ポルトガルの覇権を奪ったのも、そうした立場のオランダであった。オランダ時代の挑戦国はフランスだったが、同じように第三の国イギリスが次の覇権国となったのである。そしてイギリスへの挑戦国はまたもフランスで、その戦いがナポレオン戦争であるが、このときはイギリスが覇権を渡さなかった。次の第一次世界大戦ではドイツの挑戦を受けるが、ここも覇権を守り抜き、第二次世界大戦でも再びドイツからの挑戦を受ける。そのときイギリスは勝利を手にした連合国の一国であったが疲弊し尽くし、英国側に立った新興勢力のアメリカに覇権を譲ることになる。第二次世界大戦以降はアメリカとソ連の二超大国の冷戦時代であったが、秩序主導力としてはアメリカが強くこれをパックス・アメリカーナと呼んだ。

二〇世紀に入ってからの覇権国の戦いは、領土拡大よりも通商政策によって富を得ることに集中する。遠隔地に領土をもちそれを支配することは、防衛や反乱鎮圧のコストも高く、国富を消耗させることでもあるから、世界市場を介して富を得るようになり、これは、覇権の構造が劇的に変わったことを意味している。二〇世紀の戦争は、国々がどう通商政策を有利に進めるかで戦った時代といってよく、もはや領土拡大戦争は終焉を迎えていたのである。日本はそのことに気づかず、かつ、世界経済のコンドラチェフの長波の谷間で、大規模の戦争を行えば攻撃側の消耗が加速化するという原理を知ることもなく、遅れてきたプレーヤーとしての悲劇を経験する。ドイツも同様かもしれない。

覇権国アメリカの揺らぎ

アメリカは第二次世界大戦以降、米ソ冷戦の構図があったとはいえ、総合的に圧倒的に強い国として世界を牽引してきた。一九五〇年ごろのアメリカ経済の規模はソ連の三倍。世界の鉄鋼の半分、自動車の三分の二がアメリカで生産され、経済力では傑出した優位性を示していた。軍事面でも、核戦力や戦略的能力において他の国の追随を許すものではなかった。アメリカはその国力で世界秩序を構築した。安定した国際金融システム、自由貿易体制、安価な石油エネルギーの供給体制などを目指し、国際的な公共財とも呼ばれる国際経済秩序を維持し、その費用を負担したのである。

しかし、これまでにも述べたように、覇権国はこのように国際秩序を保つための負担から、衰退局面に入ることが多い。七〇年代にはベトナム戦争での敗北や石油危機による不況など、アメリカを消耗させるできごとも多く起きた。アメリカの力の弱体化は、五〇年代と八〇年代を数字で比べてみるとわかりやすい。世界の富の四割を創出していたものが二割になり、世界の外貨準備の三分の二を管理していたものが、一割にまでなった。アメリカはやがて史上最大の貿易赤字国であり、世界最大の債務国になっていく。

それでもアメリカは現在でも世界最大の経済規模をもち、世界最大の援助国で、世界でもっとも力のある国であることには変わりない。だが、覇権国として国際秩序を単独で担う伝統的な構図を再現する立場であるかというと、そういうわけではないであろう。

では、次なる覇権国を目指す挑戦国が現れるかというと、もうそういう状況にはないようである。二〇世紀の二つの世界大戦は、覇権戦争の愚かさを多くの国々に知らしめた。覇権国による国際秩序を維持するよりも、負担や責任を共有し合う、コンソーシアム（共同体）型の秩序維持手法に変容しているのであり、一九七〇年代半ばから続いてきた主要国サミット（現在ではG8サミット）形式などは、長期的に見ればその萌芽であるかもしれない。違う方法で秩序を維持することを考える時代になったともいえるのである。

大国間の戦争はもはや起こらない!?

民主主義国間では戦争が起こらないことを検証した、私の恩師、ブルース・ラセット教授の研究を先に紹介したが、二一世紀はもはや大国間では戦争は起こらないのではないか、二〇世紀のような世界を巻き込む戦争は起こらないのではないか、という考え方も出されている。戦争はしばしば国家形成と一対のものであったから、民主的な国家が増えれば、その国々同士においては交渉によって、国際的な秩序を形成することができるのではないだろうか。

覇権国による国際秩序形成の次に来るもの、ポスト覇権システムについてはさまざまな議論がある。私は責任を分担できる主要国を中心に、また他方で多様な立場や制約にも配慮しつつ、交渉により利害を調整して国際秩序をつくる高度な外交力の時代に、少なくとも大国は移っていくのではないかと思っている。問題領域別にコンソーシアムをつくり、国際公共財を共同で負担する。覇権システムであれば覇権国一国で秩序が決まってしまうのに対して、多国間の交渉や調整はスムーズにいかないかもしれない。

しかし覇権システムでは覇権国に押さえ込まれる国々の不満が調整される契機は少なく、長期的には国際システムは不安定化していく。多国間による調整は、確かに時間もかかり多くのエネルギーを使うかもしれないが、各国共通の目標や利益を引き出すことができる。各国の絶え間ない協議、絶え間ない調整や協約により秩序がつくり出され、また不断の微調整を繰り返し、秩序が再生される。まさに外交による平和の構築。一国の力による局面的な平和とは大きく異なるものだ。

いま、国際的な協議の場が多く用意されている。その会議の様子は電波に乗り、あるいは活字報道で多くの国の人々に同時進行的に知らされる。情報が限られていた時代は、情報操作によって戦争へと扇動されやすい面があったかもしれないが、そのようなことが起きる確率は小さくなるだろう。それに、人々の中には多くの情報から真実を見抜く力が養われていると思われる。

実際、第二次世界大戦以降の戦争はどうなっているか、数量的に検証したいくつかのデータがある。それによると、米ソ軍事対立があったとはいえもはや大国間戦争は起きておらず、戦争のほとんどは中小国、発展途上国のものとなった。I・ケンデの研究では政権攻防型内戦が最も多く、部族対立的内戦や国境紛争がそれに続く。イラン・イラク戦争のような国境紛争型の戦争（紛争）が増加傾向にあるという。また、外国介入型が多く、戦後三二年のデータでは七〇%、その後の一〇年のデータでは六〇%と、減少しているとはいえ、依然として多いことがうかがえる。

二一世紀の戦争は、大国間戦争ではなく、民族や宗教が介在する、草の根レベルのコミュニティの人々を巻き込んだ、根の深い紛争（deep-rooted conflict）になっているのである。そして、そのような戦争を抑制していくには、そこで使われる武器に特別に注目した軍縮プロセスが重要になってくるのである。

軍縮大使として

国際政治学者として二〇代~四〇代は懸命に生きた。そして四〇代も最後の年、二〇〇二年二月に、私はジュネーブの軍縮大使になることを外務省から依頼された。「ジュネーブに軍縮会議日本政府代表部特命全権大使として赴任してほしい、任期は二年」とのことだった。子どもや夫のこと、大学での仕事のことが頭に浮かんだ。大使としての重責を果たすことができるのだろうか、ずいぶん迷った。そのとき孝が「この日のために生まれてきたと思ってがんばってみろよ」と言ってくれた。戦争と平和の問題をライフワークとしてやってきた私に「大使となってやってみろ」と背中を押してくれたのである。そして、『戦争と平和』を書いたときと同じように、全面的に私を応援してくれたのだった。私の人生をかけて、大使として全力投球してみよう、いつのまにかそんな思いになっていた。

二〇〇二年四月、外務省で大使の訓達式が行われた。大学人が大使となるのは四〇年余りぶりだという。局長らが、民間大使に課された任務などを次々と述べ、私が挨拶をする順番がまわってきた。緊張して声も出ないほどであったが、軍縮と安全保障は表裏一体であるという観点から力を尽くしていきたい旨を話した。皇居での認証式のあと、川口順子《よりこ》外務大臣から辞令をいただいた。そのとき「がんばってね」と言い添えてくださった大臣のやさしい笑顔は忘れることができない。

大使の仕事というのは、本省や現場での多くの支援があってはじめて達成できる。当時の事務次官ほか外務省幹部の徹底したサポートがあったから可能だったといえる。学者の世界から大使というまったく未知の世界に入り、私は自分の非力を認識することから始めなければならなかった。そして他者の能力を認め、助けを借りることによって、大きな課題を実現していくことになる。

また当時の小泉純一郎総理大臣、そして官房長官であった福田康夫現総理大臣も、私の用務帰国の際には面談の時間をとり、ジュネーブやニューヨークの国連で展開している軍縮外交を励ましてくださった。そのひと言ひと言が、無数の困難のなか異郷で精力的に各国利害を調整して走り回る、外交前線の大使の心のエネルギーになっていった。

軍縮外交の逆風のなかで

私が軍縮大使になった二〇〇二年は、前年の九月にアメリカで9・11テロが起こってわずか半年後のことだった。戦闘的なムードが広まり、軍縮外交は逆風のなかにあった。大量破壊兵器の分野では、生物兵器禁止条約の条約強化会議は混乱の末、中断したままになっていたし、通常兵器分野では、小型武器の軍縮プロセスが不信感と対立によって低迷していた。対人地雷禁止条約は一定の成果をあげていたとはいえ、世界規模の地雷除去までには至っていなかった。

軍縮大使の仕事は、ジュネーブの欧州国連本部に常設されている軍縮会議を場裡とするだけでなく、ニューヨークの国連総会の軍縮・国際安全保障分野、化学兵器を除くほぼすべての武器範疇についての条約や議定書交渉、運用検討のプロセスなどで多国間軍縮外交を推し進めることを含み、範囲は広い。ジュネーブの軍縮会議には六五カ国、国連総会には一九〇カ国、その他の条約会議でも一〇〇を超える国々の大使や政府代表が集まって協議する。それがなかなか成果をあげられずにいるのは、アメリカのテロ以来、国際情勢の厳しさのなか、各国が自信を失っているからであった。私は小さな成果を積み重ねることによって、自信を取り戻すことが必要ではないかと思った。

大使になってはじめにやったことは、ジュネーブ軍縮会議参加の六〇数カ国、すべての大使を表敬訪問することだった。多くの国が「私のような小国によく来てくれました」と歓迎してくれた。ベラルーシ共和国の大使とは「チェルノブイリ原発事故の苦しみに被爆国として寄り添いたい」と語り、アフリカの内戦の被害国とは「被爆国である日本は、現代の事実上の大量破壊兵器である小型武器の被害の苦しみもわかります」と話した。中国の大使を訪問したときは、「私は大学で現代史を教えていたから、問題の本質は理解している」と切り出し、歴史問題から目をそらさない立場を取った。

私は軍縮会議において多国間主義は死んだといわれる逆風にあって、多国間主義を貫きたいと考えていた。多国間の一致をみなければ、軍縮が実際の成果を上げることは難しいと考えていたのである。だからすべての大使と知り合い、理解しあうことが前提条件だという思いがあった。全大使への誠実な表敬訪問から始めたことは、ジュネーブ外交界で予想を超える評判につながり、後に軍縮会議の議長を務めたときなど、着任時の表敬訪問の思い出もあって歯車がかみ合ったと、思わされることがしばしばあったのである。

レマン湖のほとりの公邸で

日本の軍縮大使のジュネーブの公邸は、レマン湖のほとりの小高い丘の上にあった。テラスに立って見下ろすとレマン湖は青く美しく、いつも静寂に包まれていた。ここで遠い日本を思い、この日本の公邸のある丘から平和をつむぎ出していくのだと決意し、よく思索した。

二〇〇二年一一月には生物兵器禁止条約の条約強化の会議の再開が予定されていた。この会議は前年の一二月に決裂したもので、それを再開しても条約強化案の全会一致を実現できるかについてあきらめの雰囲気があった。他方で世界では炭疽菌テロなどの恐怖が拡がっていた。私は、軍縮大使として着任して半年後のこの会議に、日本の代表団長として臨むために、膨大な資料を読み状況分析をし、各国の細かな立場を把握するなどの準備をしていた。議長はハンガリーのT・トット大使。私はこの会議では議長を補佐し、議長案を調整するなどの役割を担っていた。軍縮の政府間会議では議長職を取ることが重要であるが、そうでない場合でも、フレンド・オブ・チェアというインフォーマルな立場で、文書を起案し議長に渡して補佐することがある。これを「議長のポケットに入れる」というような言い方をするが、生物兵器分野ではすでに議長職が決まっていたので、私はまさにそのような役割を担おうと決意した。

この会議が始まって一日目、二日目、非同盟国とアメリカが対立し、またもや交渉は空中分解寸前の状況に追い込まれた。三日目、私が日本代表部の大使室で打ち合せをしていると、トット議長から電話が入った。「非同盟諸国が強く求める協議に、アメリカは日本の軍縮大使公邸でなら応じるといってきた」というものだった。「ただ、その場に非同盟主要国全員が集まらなければ無意味になる」と、トット議長は付け加えた。交渉会議の日程終了まで、あと四八時間ほどのときだった。

大使公邸は日ごろ、大勢の軍縮大使や各国の交渉官が集まって、さまざまな非公式の協議をする外交の場でもあった。私はこの公邸の主人として、料理を決め、居間や食卓をしつらえ、庭園を整えるなどにも気を配らなければならない。アメリカは主人役として同盟国の全権大使がしっかり仕切る場所を非公式協議の場として望んだのであった。そして、アメリカと意見対立している非同盟国の大使を、あなたの力で集めることができるかという難題を突きつけるものでもあった。それができるなら行きましょうというのがアメリカの立場だった。

私はさっそく公邸のシェフに連絡してその準備ができるか確認し、トット議長に「公邸での昼食会は可能です」と伝えた。それからは非同盟国の大使に電話をして、出席を要請した。このときも、着任して最初に行った表敬訪問が役に立った。表敬のときから生物兵器軍縮の重要性もそれとなく話題にしていたので、結果的には全員来てくれることになり、米国対非同盟国サイドの協議が成立することになったのだった。

公邸には大使の車が次々に入ってきた。昼食会が始まると、主人役である私が口火を切った。

「私がジュネーブに軍縮大使として来ることに私が教えていた学生はみんな反対で、世界の多国間主義の軍縮はどれも失敗している、失敗している外交の場に教授は行く必要がないといわれた。にもかかわらず、平和の問題にはチャンスを与えなければならないからと言って私は来ました。彼らのもっている悲観主義を否定する責任があります。この時代をあずかっている世代として、続く世代に対して、自分たちは多国間主義の外交をする余地があったということを示せるかどうか、これが今日のこれからの二時間にかかっています」

という話から始めた。そして、「日本の館では、全員が寛容の精神と礼節をもって建設的に協議をしてもらいたい」と、主人としての強い立場を強調した。緊迫した二時間、全員が言葉を選んで慎重に発言した。一歩間違えば非難の応酬や席を蹴って退出するなどという荒々しい場面になり得る局面であったが、導入部からの作戦が功を奏したと感じた。二時間が経過するころには、事前に米英を含めトット議長と最後の調整を仕上げておいた議長案が了解される流れをつくることができた。

大使たちは一人一人、私に握手を求め、謝意を述べ、大使車で我が大使公邸を去っていった。それは二四時間後には交渉最終日の議場へ向かう車となった。そして生物兵器禁止条約の強化案は、全会一致で採択されたのである。多国間軍縮外交の場での久々の全会一致合意であった。私にとって大使としてのはじめての大事な仕事が実を結んだのだった。条約強化内容の全会一致合意を受けて、各国の国内措置や管理、防護についての研究技術支援も大規模に進むようになった。今日に至るまで、たしかに、生物テロ防止はできている。

女性や子どもが犠牲になる小型武器

冷戦後の世界では、大国間の戦争はないとしても、地域紛争や内戦が多発し、長期化している。それらは民族や宗教問題が絡んだ根の深い戦争の姿を呈している。

そのなかで、多くの女性や子どもが犠牲者になっていることが注目される。一九九〇年代の推定戦争関連死者は四〇〇〇万人、そのうち九〇%が民間人で、その八〇%が女性と子どもであるという。これは衝撃的な数字ではないだろうか。戦争や紛争の関連死はもはや兵士にとどまらない。実に第一次世界大戦以降の二〇世紀の戦争では、非戦闘員・非武装市民が兵士の戦死を上回っている。さらに二一世紀には、戦争関連の犠牲者の過半数が女性と子どもになりつつある。

なぜ、こんなことになるのか。それは小型武器が非合法に拡散したまま、各地に集積して、内戦やテロで使われているからである。大型武器は戦争が終われば政府によって回収されるが、小型武器はそのまま放置されることが多く、ゆえに非合法の国際流通網が増え、自衛目的の民間人やゲリラ、テロリストの手に渡っていく。そこで無防備な女性や子どもが犠牲になりやすくなっている。

子どもはまた、少年兵にさせられるという問題の犠牲者にもなっている。小型武器は軽量で操作も簡単、子どもでも十分扱えるから、紛争地帯では、貧困のなかから大量の子どもが少年兵になっていく。小さく疑われにくいので、子どもを脅して言うことを聞かせ報酬も与えずに、スパイやメッセンジャーなどとして最も危険な前線に投入していく。現代の長期消耗戦では、少年兵は小型武器をもたされて兵士となっていく。戦争による荒廃で、学校も仕事もなく、貧しさゆえに、また小型武器の非合法流通ゆえに子どもは兵士になっていく。内戦のなかで育ち、少年兵のまま成人していく子どもたち。平和を知らないから、これが紛争の連鎖をつくり出していく。

小型武器とは、小銃、自動拳銃、突撃銃、重機関銃、携帯対空砲、携帯対戦車ミサイル、携帯対空ミサイルまでを含むもので、一人ないし、少人数で操作でき、比較的安価で操作も簡単なものをいう。この小型武器の犠牲者は年間五〇万人、これが過去一〇年毎年続いている。これは第一次世界大戦の年間の戦死者数に匹敵する。一日にすると一四〇〇人、これだけの人が毎日小型武器によって亡くなっている計算になる。過去一〇年で二〇〇万人を超える子どもが小型武器で殺され、六〇〇万人の子どもが失明したり、手足を失うなど重度の障害を負う事態となっている。

武器が手元にあれば、トラブルが起こったときに使うことになるかもしれない。最初に考察したように、戦争や紛争は武器があって、戦うための動員があるから可能になるのだ。だから、まず武器を減らす、この小型武器の軍縮を何とか実現させたい、これが私の大使としての次の仕事となった。

戦争は男性によって始められることが多いが、悲劇を生きるのは、むしろ女性や子どもたちが多いのだという事実。障害を負った子ども兵や負傷して戻る男たちの看病や介護は女性たちが担い、一生を困難のうちに過ごしている。女性や子どもたちは弱い存在で、それに声をあげることもできずにいる。女性大使である私は、これを何とかしなければ、これに立ち向かわなければという強い思いを抱かざるを得なかった。

議長と全会一致主義

小型武器軍縮を推進するための国連会議は二〇〇三年の七月に予定されていた。二〇〇一年の小型武器のための行動計画と国連総会決議に基づく政府間の実施検討会議があった。この会議で私は議長職をとらなければならないと決意していた。軍縮分野の会議は多くの国の利害が絡むので、決裂することも多いが、ここは決裂させてはいけないのだ。小型武器の軍縮を進めるには日本自らが、議長職をとって国際社会の思いを仲介しまとめあげていくことが重要だという結論に達していた。しかも全会一致で物事を進めて行かなければ、真の軍縮は進まないというのも私の考えだった。多国間主義は死んだといわれるなか、全世界が一緒になって物事を進める多国間主義、全会一致主義を日本の力で再生し、軍縮努力を引き出していくために、私はひるまずに議長職に立候補しなければならないと考えた。私のどうしても譲れない信念でもあった。世界は不信感に満ちていた。被害国は「国連は自分たちの運命を助けてくれたことなどない」と思い、小国は「一度も自国の意見を反映させられなかった」と思い、そして大国は「国連は役に立たない」と思っている。こういう状況であるからこそ、全会一致、すべての国の合意が必要だった。

しかしこれが難しいのは十分承知していた。なぜなら、全会一致主義ということは一国でも反対する国があれば、その他のすべての国が認めていても成立しない、とても危ない賭《か》けのようなものだからである。この方法は必ず失敗する、やめろとアドバイスする人も多かった。しかし、どんなに小さな国でも軍縮のような平和の本質にかかわるようなことについては、丁寧に調整するということは、すべての国が平等だということでもある。だから大国の意見も聞くが、小さな国の考え方もとりこぼしなく聞くというのが、私のスタンスだった。

国際会議の議長職は輪番制のこともあるが、この国連小型武器関連の会議のようにそうでない場合は、自ら「やりたい」と意思表明をしなければならない。国際社会は、日本社会のように何となくまわりがお膳立てして押し出してくれるのとは違う。私は自分自身の考えを述べながら立候補を表明した。議長職をとるときも、全会一致主義を視野に、対立候補が出て派手に打ち負かしてとるようなことは避けたかった。先に打って出る手法により議長職をとる段階から政治的なしこりや対立を生まないことが、まず最初の戦略であった。大使になったときに表敬訪問したように、いろいろな国の大使と話をし、軍縮に関する催しには常に誰よりも熱心にかかわるようにし、小型武器軍縮の必要性を説いた。日本大使が小型武器軍縮に熱心で、取りまとめに力を注いでいるという認識が浸透したころ、二〇〇二年の一二月に満場一致で私が議長になることが決定した。そこから半年余の準備期間（リード・アップ・プロセス）を経て七月初旬の国連会議に臨むことになる。

私は「議長として、どの国も取り残さない。どの国の懸案事項もしっかりと聴く。フェアにやるので、各国として譲れない絶対的なことがあれば伝えてほしい」と言った。小国や被害国の立場を重点的に聴く立場を取っていることが伝わったようで、多くの国からさまざまな情報が寄せられた。「全員の考えがまとまるまで調整する」、これをオン・ボード（on board）、皆を船に乗せるという表現をするのだが、「全員を船に乗せるまでは船を出さない」とも表明し、実に多くの国と交渉し調整を進めていったのである。一〇〇カ国以上とのきめ細かい交渉になったので、自分一人では手がまわらず、代表部総出で対応した。大使が国連で議長職をとると代表部の全員の能力が大きく発揮できることも発見した。

アフリカの小さな国、たとえばルワンダとかエチオピアなど、内戦の最大の被害国には、「あなたたちは小型武器の最大の被害国。世界はあなたたちを助ける責任がある。だから、どう被害にあっていて、どう取り締まったらいいかなどを発言してほしい」という話をした。当初は小型武器軍縮には否定的な立場だったアメリカには「小型武器はテロの実行手段でもあるから、この軍縮はアメリカの国益にもかなうはず」と粘り強く説明した。

二〇〇三年七月、いよいよ小型武器軍縮会議（国連第一回小型武器中間会合）のときが迫っていた。とにかく国連史上初の小型武器軍縮実施の政府間会議なので、議事次第、国連事務局側の体制整備、議題構成、成果物の方向性、各政府や国際機関の発言順序、NGOの取り扱い、サイドイベント（場外活動）と本会議の連動性、などすべてを日本が考え、しかもその個々の決定について各国と細かく全会一致の調整をしていった。「自分の国のことをこんなに聞いてくれた国はなかった」と言ってくれる大使もあり、あらゆる事項の議長案への理解が進んでいるように思われた。会議が始まったその日、アメリカのコリン・パウエル国務長官から「この会議を全面的に支持する。被害国の声をしっかりと集約してほしい。アメリカもこの問題の解決を望んでいる」という内容の書簡が届いた。直ちにロシア外相からも同様の書簡が届き、大国が議長を信頼しているという議場の理解が、この会議を成功させることも不可能ではないかもしれないという期待感につながっていった。

その五日間の国連会議において、ついに行き詰まった、と思う局面が数回あった。

多国間会議とはいえ、最後には特定の二国間対立などが火をふき、会議全体が決裂しそうになる。しかしそんなとき、常に打開策を出し説得を助けてくれたのは、それぞれに一番近い同じ文化圏から会議に臨んでいる国であった。外からではとても難しい説得を、日本の議長のために、自分の仲間の国に対して粘り強くやってくれる国があった。その、最も困難なところをやり抜いてくれた偉大な外交官たちを、私は生涯忘れないだろう。ついに最終日の閉会時間の五分前、ぎりぎりの調整が実り、小型武器軍縮についての長大、詳細な私の議長総括を正式添付した報告書が、全会一致で採択された。その瞬間、議場には激しい拍手が鳴り響いた。一〇〇カ国以上の国々の意思が一つにまとまった、劇的な瞬間でもあった。

この国連会議でまとめられたことは、各国が自国にもち帰り、国内法の整備を進めることになる。嬉しかったのは、この会議のわずか三カ月後の一〇月から始まった国連総会の国際安全保障委員会において、各国の政府代表演説で、小型武器の分野でこういう軍縮措置をとっているという報告が次々となされたことだった。各国が具体的に動いてくれた、そのことが、私をどんなに勇気づけてくれたことか。軍縮は逆風のなかにあるといわれていたが、こういう小さなことを積み重ねて、自信を回復していかなければならない。

有効な刀狩りの方法とは？

小型武器軍縮の具体的な方法としては、紛争後の小型武器の回収・破壊、いわゆる刀狩りをすることと、非合法的な拡散を防ぐ法整備やそれを取り締まるネットワーク形成などが有効である。

たとえばイラクでは当時具体的に小型武器の回収事業が始まっていたが、どこか方法論が間違っているように思えてならなかった。イラクでのやり方は「バイバックシステム」といって小型武器を数ドルで回収するというものだ。現金を渡すので武器は集まってくるのだが、現金欲しさに武器を造ってもってきたり、もらったお金で武器を輸入したり、使えない武器まで掘り出してもってきたりという具合で、バイバックシステムでは本来の趣旨とは違った結果になることも多い。

これに対して、国連会議を通じて日本として各国に考えてもらった方法は、コミュニティ参加型のものである。小型武器を供出した場合は、そのコミュニティに子ども病院や小学校、保健所をつくるというやり方だ。そうするとすごい効果が表れる。まず女性たちが、子どものためならと家の奥から武器をどんどん供出してくる。男性は拠りどころとしている武器を自ら放棄はできないが、女性たちの行為を止めはしない。破壊される一方だったコミュニティが再生され、人々は病院や学校の運営に携わるようになる。女性たちはカラシニコフなどの小型武器を供出することによって地域が新しい村として再生される姿を見るのである。これまで被害者であり弱者として無力感の底に沈んでいた女性たちが、自分たちの手で平和をつくり出すことができると自信を回復していく。集めた武器を燃やして「フレーム・オブ・ピース（平和の炎）」として、子ども世代に最初の平和教育をし、戦争の連鎖を断ち切るのである。

小型武器の回収・破壊はただ刀狩りをするだけでなく、このように深くコミュニティの再生や和解にかかわっていく方法でなければならないと思う。

地雷除去と農地再生

対人地雷除去の問題も、軍縮の大きな課題である。対人地雷は、戦争や紛争が終結しても回収されず、犠牲者を多く出していること、被害者の多くが六歳から一二歳の山野を駆けめぐる子どもで、子どもが被害者になっているという構図も、小型武器と同様、深刻である。そこに地雷があるかどうか、兵士が行く前に少年兵を走らせて調べるなどという許しがたい事態も起こっていた。

対人地雷禁止条約については、NGOと連携しながら中小の国々が実施を進めていたが、大国が入っていないため資金力が乏しく、劇的な効果を上げにくい状況にあった。中枢にアジアの代表が入っていないこともあったので、私は日本がこの執行幹部に入ることを申し出て、被害国であるカンボジアとともに地雷除去常設委員会の共同議長に立候補してなった。地雷除去は、作業中に命を落とすこともある危険な作業である。だからこそ、ここに日本のハイテク技術をいかせば、効率的にしかも安全に除去できるだろう。日本がもっとも国際的に貢献できる分野だから、国際的な意思決定の場においても日本の存在感と役割をレベルアップしていくべきであると考えたのである。

私が軍縮大使になったころは、年間二万人ほどの被害者だったものが、離任時には年間七〇〇〇人ほどになっていたから、地雷除去作業が進むようにはなったが、まだまだ多くの人々が犠牲になっている。安穏としてはいられない。地雷を除去して、大地を安全な農地に戻すこと、そのことで地域は再生されていく。安全な農村が戻るまで、これからも地雷除去作業が精力的に続けられることを熱望している。

核軍縮、カットオフ条約に向けて

軍縮大使としての最大の任務は核の軍縮不拡散である。大使に任命されときから、私はそのことをいつも考えていた。世界で唯一の被爆国からの大使なのだから、核の軍縮不拡散のためには常に猛烈な大使でありたいと思っていた。

小型武器の軍縮や地雷除去についてはすでに述べたが、大量破壊兵器に関しては「核兵器」、「化学兵器」、「生物兵器」の三種類があり、この軍縮が重要なことは言うまでもない。「化学兵器」についてはすでに一九九七年に禁止条約（ＣＷＣ）が発効しており、「生物兵器」についてはすでに述べた通り、日本の軍縮大使公邸での土壇場での調整が実って生物兵器禁止条約の強化案が全会一致で採択されている。

「核兵器」については、「核拡散防止条約（NPT）」が一九七〇年に発効し、核兵器をもつことができる国は当時すでに保有していた五カ国（アメリカ、ソ連、イギリス、フランス、中国＝常任理事国）に限るとされた。「包括的核実験禁止条約（CTBT）」は一九九六年に交渉が終わり、発効はしていないが、ウィーンの代表部にて実質的な推進を行っている。

当時の状況は、NPT締結国の規模が拡大し普遍的な国際条約としての体裁が整いつつある一方で、核保有国となったインド、パキスタン、イスラエルが加入していないほか、核施設問題で北朝鮮が脱退を表明するなどの問題を抱えていた。また、イラクの大量破壊兵器、イランの核施設疑惑などもあり、ここでNPT条約を強化する必要性に迫られていた。

ジュネーブの軍縮会議では議長国は輪番制となっていて、私は二〇〇三年八月二一日から四週間担当することが決まっていた。この年の会期は九月一〇日までだったので、実質は会期の最終の重要な局面の議長を務めることとなった。私は秋の国連総会決議の原案となるこの会議の議長案に、カットオフ条約への認識形成を強く盛り込もうと決心した。同時に、核兵器の原料となる核分裂性物質そのものの生産禁止を、N

PTとは異なり世界規模で、平等条約の形態で目指す必要があると考えた。つまり、「カットオフ条約（兵器用核分裂性物質生産禁止条約〈FMCT〉）」というNPT補完型の強力な核軍縮条約の交渉機運を世界的に高めていく必要があると考えた。核兵器を保有している国にもこれ以上核兵器を増やせないようにするための条約というイメージである。私が軍縮会議の議長となる八月を目指して、その年の二月から、私たちジュネーブの軍縮の日本代表部は、来るべき未来のカットオフ条約の条約構成要素を詳細に研究し続けた。そして条約の草稿に近い文書を作成し、二月の本会議で三〇分にわたる公式の演説を私が行う形で、それを発表しておいたのであった。

この条約の認識については、非核保有国はおおむね日本の案に賛成なのだが、核保有国はそう簡単ではない。核保有している常任理事国五カ国はもちろん、インド、パキスタン、イスラエルからの抵抗があることは予想された。しかし、核保有国が承認しなければ意味がない、これら八カ国への粘り強い説得が必要である。何とかすべての国に理解してもらおうと、八月に照準を合わせて、さまざまな準備をすることになった。これはアメリカの新聞で大々的に報道されるなどの反響があった。すると、イギリスとオランダが相次いで、日本のイニシアチブを支持するという公式演説を行ってくれたのである。まもなくフランスも支持を表明してくれ、常任理事国のうち二国までが支持にまわってくれたことは心強いことだった。ロシアに対しては大使に就任してすぐに表敬訪問をして以来、ことあるごとに交渉を積み上げていった。三月には軍縮会議とは別に、核物理学の専門家を招いて研究会を主宰し、当時は核軍縮をテーマとする軍縮会議の場以外では同席を避けていたアメリカと中国の政府代表が同時に出席する場をつくり出したりもしていた。

同時に私は、国連総会に日本が提出する核廃絶決議案の調整にとりかかっていた。核廃絶決議案は毎年採択はされているものの、支持国を飛躍的に増やすためには外交的な闘いが必要だったのだ。非核保有国はおおむね賛成ではあったが、過去のデータを見ると、外交的にあまり余裕がないせいか、小国に無投票国が多いことに気がついた。核軍縮については、いかに多くの国から支持票を集めるか、そのことも大きな課題となっていたから、小国にきちんとアプローチをし、棄権ではなく、賛成にまわってもらわなければならない。これを優先的に行うことが戦略の一つになった。東京の外務省本省が世界各国の日本大使館を通して各国政府に支持要請をする一方で、私は反対・棄権国に個別に連絡をとり、広島と長崎の悲劇に触れ、日本国民の悲願をこめた、核廃絶決議案を支持し、日本と思いを共有してほしいと訴えた。

また、すでに述べたように、生物兵器や小型武器の軍縮にも力を入れていたから、日本の軍縮にかける本気度は徐々に浸透していったようであった。

カットオフ条約についての二月の大演説の後、それを報じる新聞を見た東京の両親が電話をかけてきた。心配する両親に「元気よ。やり甲斐のある仕事だと思う」と元気に応対したつもりだったが、数日して、母から和菓子がいっぱい詰まった箱が届いた。「勘違いかもしれないけれど、心持ち疲れ気味かと思って、あなたの好きな和菓子を送ります」との短い手紙が添えてあった。連日の過密スケジュールで確かに疲れているときであった。私の強がりにもかかわらず、母親としての鋭い勘で、私の状態が手に取るようにわかったのだろうか。

部屋にかけられた千羽鶴が、無言のうちに私に何かを語りかけてくるようだ。この鶴は被爆地の願いを伝える高校生平和大使の草野史興君と白石優子さんが、大使に着任して間もないときに、長崎からジュネーブの私の仕事場に届けてくれたものだった。

私を支えてくれるしっかりとしたフィールド、家族、コミュニティがあることを思った。これがあるから、私は闘えるのだ、それらによって私は深く守られている、菓子折りの箱と千羽鶴を前にして思った。

相手の立場と時間軸

ジュネーブ軍縮会議で日本が議長を務める日が迫っていた。その一週間前の八月一四日に、以前からジュネーブの代表部ベースで作成していたカットオフ条約の骨子が日本政府案の公式文書として決裁され正式なゴーサインが出たため、私は本会議にその公式文書を提出して説明演説を行った。この年の国連総会への軍縮会議報告決議案に、カットオフ条約の実質内容にジュネーブ軍縮会議が踏み込んだことを盛り込むことが、外交上の争点となった。

常任理事国のイギリス、フランス、そしてロシアからも支持表明をもらっている。中国とは八月一一日の日中外相会議のあと、ギリギリの段階で政治的な歩み寄りをみることができた。残るはアメリカであった。

アメリカともどのくらい交渉してきたことだろうか。交渉する場合、こちらの思惑を優先して相手の同意を取り付けようとしても、それはほとんど失敗に終わる。交渉するときの一番の秘訣は、相手の優先順位を尊重すること、相手が何を不安に思いこだわっているのか、それを理解し寄り添うことなのだ。相手の立場を理解するためにはよく話を聞くこと、自分を主張する前に、相手の思いを敏感に受け取め、話を聴くことが重要だ。そのような態度で話を聴いていると、アメリカは「すべてが二〇〇一年の9・11から始まる。二度とあの悲劇を繰り返さない」ということが最大の関心事なのだとわかってくる。そこで、「いま、世界でもっとも懸念されているのはテロである。決して許してはならないのが核によるテロ。核兵器をテロリストに渡さないためには、核拡散を止めなければならない。核兵器の絶対量が増えて管理がずさんになれば、非合法に拡散する危険性が高まる。だから核兵器をこれ以上増やさないこと、カットオフ条約が必要なのだ」という論法で話をした。

そして、さらに話を続けた。「核保有国でありながらNPTに不参加の三カ国は、NPTは核を保有する国しない国を分ける不平等条約だから不満なのだ、だからNPTに不参加という理屈になる。それに対してカットオフ条約は平等条約だから反論が難しいはず。だから、このカットオフ条約がうまく成立すれば、彼らもこの部分について支持にまわる可能性があり、そうなればアメリカの国益にもかなうではないか……」と。

このように、国際的な交渉は少しずつ積み重ねていかなければならない。ジュネーブ軍縮会議の基本は全会一致だから、国連総会に付す報告決議案の起草も全力の勝負となる。それには気が遠くなるほどの準備が必要なのである。

八月二一日、ジュネーブ軍縮会議は、議長国の大使である私の「ここに第九三六回本会議の開会を宣言する」という開会宣言で始まった。そして私は「テロを断固として非難する」という言葉とともに、テロの犠牲者に黙禱を捧げることを呼びかけた。開会の前日、イラクの首都バグダッドにある国連現地本部爆破テロで、国連事務総長のイラク特使であるセルジオ・デメロ前国連人権高等弁務官をはじめとする多くの国連機関職員が亡くなった。私はすぐに、「イラク復興のために働く決意で赴いたすべての男性と女性の命を悼《いた》み、テロを断固として非難する」という強い調子の文案をつくり、議事次第に黙禱を入れることを指示していた。

ジュネーブ軍縮会議で冒頭に黙禱を捧げるというのは異例のことであったが、出席者、傍聴席の人たちも全員が静かに起立し、黙禱を捧げてくれた。その傍聴席にはあの千羽鶴をもってきてくれた草野君の姿もあった。大学生になった彼は、今度は軍縮と平和を訴える高校生を引率する立場で、この席に来ていたのだった。

九月四日に川口順子外相がジュネーブ入りし、日本が議長国を務める本会議で、「カットオフ条約」の意義について、素晴らしい演説をしてくださった。

軍縮会議の本会議の会期は九月一〇日までだった。どの程度の内容まで盛りこんだ報告決議案を国連総会に提出するのか、猛烈な調整と交渉が議長国である日本を中心に展開された。時間が迫ってきても、ことを急いではいけない、相手の時間軸を尊重して待たなければならない。議長職というのは混乱や決裂を避け、そのときの議論を次につなげることが重要なのだ。

最後の二日ほどで形式決議案を国連総会に送付するのではなく、積極的内容をまとめようという流れとなり、各国の強い勧めで、カットオフ条約への実質的記述を含む報告決議案が全会一致で採決されることになった。また軍縮会議の作業計画について、日本が引き続き調整するという内容が明記された。つまり会期が閉じても年末の一二月まで実質的な議長の役割をやるということになった。この年の秋、私は国連総会に二つの決議案を、ひとつはジュネーブ軍縮会議議長として、もうひとつは日本大使として提出した。前者は報告決議案だがカットオフ条約への画期的言及を含むもので全会一致で採択された。後者はカットオフ条約の内容を含む日本政府の核廃絶決議案で一六四カ国という、飛躍的に多い史上最高の支持を得て決議されたのだった。

しかし、アメリカからは後者には支持票をもらえなかった。私の任期は翌年の三月末まで。帰国する前に、私はアメリカの大使に告げた。「必要なだけ時間をとっていいですから。私は必ず待っています。もはや大使ではなくとも、世界のどこかで待っていますから、必ずカットオフ条約へのYESの答えをください」と。任期を終え帰国すると、「猪口さんは気の毒ね。アメリカはやっぱり無理なんだよ」という雰囲気だった。私の任期中にその結論をもらえれば、その成果で賞賛されるだろうが、しかしそれは私の思いとはかなり違うものだった。一大使がアンチヒーローのカードを引いてもかまわない。日本の無私の情熱、そしてカットオフ条約は核テロを防止するための米国の国益でもあるという計算は、静かに深く伝わったと思う。大使の任期は有限でも、外交は、ここに記したような細かい努力の継続で無限につむぐものである。そのなかで小さな匿名のレンガを細心の注意と勇気で積み足していく無数の努力により、平和の殿堂はつくられるのだと思う。

被害者の声を届ける

軍縮交渉をするとき、私は被害者の声を届けることの重要性を感じていた。だから、「レイズ・ザ・ボイス（Raise the Voice）」という、被害者が声をあげる運動を、NGOと連携して展開していった。

たとえば、対人地雷を除去して農地に戻すことが平和につながるからと、そのことを軍縮の課題にしようとしても、なかなか理解されない。人間というのは悲しいかな、人の痛みを想像する能力に乏しいようだ。けれども、そのとき被害者が声をあげ、具体的にどのような被害があったのか、いま何で苦しんでいるのかを訴えると、外交界の認識、世界の認識は劇的に変化する。地雷除去の重要性を切実に強く理解することになる。ところがその被害者というのは、外交議場からは最も遠くにいて、その被害を訴える機会もなければ手段もないというのが一般的だ。そこで、対人地雷除去のときも小型武器軍縮のときも、何とか被害者の声を議場に届けられないものかと考えた。

しかし、このことは言うは易く行うは難しで、多くの人たちの力を借りることになった。地雷の被害にあっている子どもに議場に来てもらうには、航空チケットを提供してくれる航空会社、泊めてくれるホテルや宿、それをコーディネートしたり、親と一緒に国連に来て軍縮の会議で発言してと説得してくれるNGO、そういう多くの人たちの支援が必要だった。

そして、核軍縮においては、唯一の被爆国である日本は「レイズ・ザ・ボイス」の最適な国であるということを、多くの国々と交渉するなかで知らされた。アフリカ諸国の大使を訪ねたときのこと。

「あなたを見ていると、南アフリカのことを思い出す。ネルソン・マンデラが人種差別はいけないと言えば世界が聞く。それに異を唱えることはどんな理由でもできない。核軍縮に関しては、唯一の被爆国である日本が言ったら聞かないわけにはいかない。それは人種差別について南アフリカが言ったら聞かないわけにいかないのと同じなんだ。最も深い被害を受けた人だけができる仕事がある。だから日本が核軍縮については中心的な役割を果たしてほしい」

この言葉は私を勇気づけてくれた。被爆国としての熱意が伝わっている、そして軍縮は、被爆国の日本こそが引っ張っていかなければならないのだと、身が引き締まる思いだった。

先の日本政府の核廃絶決議案について欧州のある核保有国にはどうしても受け入れにくい部分があるようであった。そのとき私は切々と訴えた。

「あなたの国の発想はわかりました。でもこの決議案は、どこの誰が書いたかわからないものではないのです。唯一の被爆国である日本が、原爆投下から六十有余年経ったいま、必死に核の軍縮不拡散の必要性を説いて起草したものです。一般命題なら受け入れられなくても、被爆国、被害国が言うなら受け止めるという論法もあるのではありませんか」

ジュネーブきっての辣腕《らつわん》として知られる先方の大使は、その立論に一瞬たじろいだ。それから三カ月後の国連総会にて、その国は賛成票を投じた。その大使は投票後に特別に発言を求め、「被爆国である日本が起草したものだから支持する」と述べたのであった。被害国が声をあげるという手法から、また一歩先へ進む、平和への道のりがある。「最も深い被害を受けた人だけができる仕事がある」のである。

和解のプロセスと女性の役割

先に述べたように、二一世紀の戦争は民族や宗教をめぐる「根の深い戦争」で、なかなか完全に終わることがなく、繰り返されるのが特徴だ。二〇世紀までは国家間の戦争が多かったから、和平協定を結べば戦争を終結させることができた。しかし「根の深い戦争」は民族的な深い憎しみから起こっているから、憎悪の念は社会各層に深く浸潤し、政治指導部が協定を結んでも暴力は止まらない。

だから、戦争が繰り返されないようにするには、和平協定だけでは不十分で、巧みな「和解のプロセス」をつくり出すことが重要になる。それはどういうものか。難しいが、あらゆることを考えて知恵を出し合わなければならない。

これまでに述べたように小型武器を回収・破壊することも一つの方法だろう。小型武器の非合法な拡散が止まれば、その武器を使って紛争後も戦いを繰り返すことは難しくなる。武器の回収を病院や学校の建設と同時に行うことができれば、コミュニティは再生される。対人地雷を除去して農地を再生させることも、同じように重要な和解のプロセスの一つになるだろう。

武器もない、地雷もない、安全になった地域には人々が戻り、新しいコミュニティがつくり出される。そこに店ができ中小企業が立ち上がっていく。住民台帳が整備されるころに公正な選挙が行われ、民主主義の第一歩となる。

そして、子どもたちは再生されたコミュニティで平和に暮らし、すでに大人になった少年兵もたとえもはや親がそこには存在しなくても、コミュニティの慈しみのなかで子ども時代をやり直す必要がある。平和な暮らしを体験してこそ、戦争の連鎖を断ち切ることができるであろう。

戦争を終わらせ、新しいコミュニティをつくるとき、女性は大きな力を発揮し得る。女性の役割が重要だということを、前述の武器回収事業でも私はしばしば感じてきた。戦後の社会を再生するのは、生き残った女性たちがコアになっていくことが多い。そういう女性は生計を立て直す力をつける必要があるため、女性に投資し、女性の雇用や起業も促すことも必要だろう。女性は食料を確保して子どもを守り、紛争で負傷したり障害を負った人の介護もする。平和の担い手であり、コミュニティ再生の担い手、民主主義の担い手となる。子どもに子ども時代をやり直させる、その担い手にもなってくれるだろう。和解のプロセスにおいて、女性の役割は途方もなく大きいものなのだ。

近年注目されているのが、「真実と和解委員会方式」というもので、南アフリカのアパルトヘイトで、黒人が差別され弾圧された歴史的対立を乗り越え、新生国家をつくった方法である。「和解」には何が必要か。

その答えはこの和解委員会のネーミングの「真実と和解」に隠されている。極端な人権侵害、虐殺の歴史、そういう真実を見つめることで、魂の奥から謝罪の言葉が出てくるのであろう。真実を見つめること、このつらい作業を、対立してきた両者が行うことが重要で、そのなかから解決の糸口が見えてくる。真実を見つめることで真の和解があることを、このネーミングはよく表している。

そして、日本の戦後の復興も和解のプロセスとしては手本になるかもしれない。日本は戦後、憲法の平和主義のもと、決して戦争を繰り返さないことを誓い、経済発展を進めてきた。実際、軍縮大使として多くの国々の人々と話すなかで、これを手本としたい、無資源国なのに平和に生きて世界有数の先進国となった日本は希望の国だ、見習いたい、と言われることが多かった。

大使の激務乗り切り術

軍縮大使になってからの二年間というもの、毎日スケジュールがいっぱいで、激務であった。小型武器、対人地雷、生物兵器、核兵器の軍縮のため、議長職をとり、あるいは議長国を補佐し、各国との交渉は目白押しだった。

緊張する交渉の場面で疲れを見せたのでは負けである。そこでピーク・パフォーマンスができるように、世界の頂点を目指すアスリートのように気力・体力の調整が欠かせない。ここで猪口孝の絶対に譲らなかったあの生活スタイルが生きてくる。外交の世界では、協議や会食が夜にまで及ぶこともしばしばだったから、夕方までに一日の大方の仕事を終えるわけにはいかないが、その応用編とでもいおうか。帰宅するとなるべく早く眠るようにし、睡眠時間を確保する。夜更かしや徹夜をしないで、体力を温存し、元気に継続するというのが勝利の鉄則なのだから。私は寝つきはよい方だが、懸案事項があると眠れないものである。そのときは、それらをノートに書き出し、翌朝の行動をメモする。脳のなかにある懸案事項を紙に転写することで、頭のなかを空っぽにして、安心して眠りにつくのである。これは忙しいビジネスマンにもお勧めの方法だ。

そして翌朝は早めに起床。熟睡しているから頭はすっきりしている。前の日にノートに書き出したことを準備する。そして、私は毎朝、国際法の条文や必要な条約の案文、手続きや規則などを暗記した。それはまるで朝稽古のようだった。ブラジルで過ごした子ども時代、英語の単語帳をつくって猛烈に覚えた、あの手法をここでも応用したのである。昔、ピアノの朝練をやったこともあったが、それにも似ている。

なぜ、そんなことをしたか。議場や外交の場はいわば決戦の場のようなもの。格調高い英語での挨拶や演説、会話をしなければならない。しかもほとんどが男性の世界で、女性として甘く見られないためにも、ここはきちんとやらなければならないのである。日本社会でもそうだが、国際社会においても、女性というだけでまだまだ軽く見られ、ハンディを負っているという意識は常にあった。だから、交渉をするとき、いちいちファイルを見たり、ファイルのなかから必要な箇所を探していては迫力がない。立て板に水のごとく条文や英語のフレーズが出てくる、それで相手を少しでも圧倒し、こちらの土俵に乗せる。そのためには暗記しておくに限る。暗記してあるもののは、そのまま口をついて出てくるのだから。

もう一つ、私を助けてくれたのは戦略帳。「行動する大使ノート」と自分でタイトル書きした赤い表紙のノートだ。ここに、いつ、どの国の大使と会うということから、国連総会に日本が提出する決議案が採択されるまでの戦略をびっしり書き込み、最後まで身から離さずもち歩いた。私の大使時代を支えた大切なノートである。

協議や訪問時の服装にも気を配った。相手に敬意を払うために、格調あるスーツスタイルとハイヒール。目立たなければならない場面ではショッキングピンクや赤のスーツ、厳粛に事を進めたいときは紺色のスーツ、同盟国などと友好的な雰囲気のときには、パステルカラーなど穏やかな色でエレガントに、といった具合である。

また、外交の場では、堂々とはっきり意見を述べるために声が重要、喉を冷やしてはいけない。それでもタートルネックはインフォーマルな印象を与えるので着用せず、その代わり、執務室に戻るとすぐにスカーフを巻いて、喉を保護した。喉を冷やさないために、冷たい飲み物を控え、レセプションなどでは決して冷やして供さない赤ワインのグラスを片手にもつ。大使としての職務を全うするために、健康面、生活面、あらゆることに知恵をしぼったのである。

平和のためにできること

軍縮大使の二年間の任務を終えて、二〇〇四年三月末、私は日本に帰ってきた。夫の孝と子どもたちはもちろん、両親や妹たちみんなが、大任を果たして無事帰ってきた私を温かく迎えてくれた。

官邸では、小泉純一郎総理と福田康夫官房長官が時間をさいて、私のジュネーブからの国際政治報告に耳を傾けてくれた。超党派の国際軍縮議員連盟が帰朝報告を聞く会を開いてくれ、軍縮外交について熱心に話を聞き、意見交換をしてくださった。

二〇〇四年四月からは、再び上智大学の教授としてキャンパスに復帰することとなった。初登校日、四ッ谷のキャンパスは満開の桜が花吹雪で迎えてくれた。W・カリー学長は「大学の発展に寄与してくれた」と歓迎の杯を交わしてくれ、「また、キャンパスが楽しくなる」と言ってくれた同僚もあった。学生たちに軍縮大使として、平和を推し進める現場でどんなことを学んできたかを伝えることもできるだろう。私はこういう安心できる温かいコミュニティを根にもっているから、あの緊張した大使の仕事ができたのだとつくづく感じた。

世界の政府代表が集う、軍縮外交の最先端の場からは離れたが、人として、平和のためにできることはたくさんある。これまでのように学者として戦争と平和を研究することもその一つだろうし、一人の国民として戦争は起こさないと決意し、学問と外交実務の経験に基づく提案をしていくのも大切なことに違いない。

ジョン・レノンの「イマジン」という曲がある。人間にとって一番大事なことは「イマジン」すること。自分が経験していないことをイマジンできるか、戦争の被害を受け苦しんでいる人を想像できるか、地球上の圧倒的に多くの人たちが自ら経験はしていない悲劇や被害について、イマジンできるようになるなら、この世界は圧倒的によくなるはず。

このことはもっと身近なところにも置き換えることができる。自分のまわりにいる人をイマジンできるか。隣の席に座っている人の痛みをイマジンできるか。平和というのは、自分とは違う存在、自分とは異質の存在を認め、時にはその苦しみを抱きとめていくなかで実現できる。だからみんなが身近なところの平和を実現するところから始めたらいいのだと思う。子どもや学生なら教室のなかの平和、社会人なら会社のなかの平和、地域のコミュニティのなかの平和である。たとえば「いじめ」の問題ではその苦しみを、被害者でない人はイマジンできるか。イマジンする能力や勇気が欠落しているとき、遠い国の不幸を助けることは難しい。平和へのマインドは、ひとりひとりが生きている現場から始まる。

私の日本での生活が始まり、上智大学で日常を取り戻しつつあるときだった。二〇〇四年七月二八日のこと、突然、ホワイトハウスから「カットオフ条約の交渉入りに賛成する」との政策変更の発表があった。私の研究室にも直通電話がかかり、「YES」の言葉を聞いたのである。このとき、軍縮大使としての自分の仕事が終わったと感じた。

軍縮交渉というのは、ひとつ飛びで多くの成果を望めるものではない。本当に一歩一歩なのだ。大使だけではない、それを支える多くの人たちの努力で少しずつ成果が生まれ、平和を希求する世論が総合されていく。これからもその努力を継続させていかなければならない。

4章　男女が共に生きる社会のために

あるとき、作家の堺屋太一さんの話を聴く機会があり、非常に啓発された。堺屋さんは経済企画庁長官を退かれた後、執筆に戻り、『世界を創った男　チンギス・ハン』（日本経済新聞社）を著すなど幅広く活躍されている。堺屋さんは、歴史を研究していくと結局、歴史が大きく動いていくときというのは、特定の個人の並外れた桁外れの情熱があることに気づかされるという。制度の変化や時代の潮流なども もちろん関係するが、そこに傑出した個人の情念や情熱でやり遂げていく意志がなければならないという。能力的に傑出した人は多くいるから、最後は情熱、しかも持続する情熱がいるということをおっしゃった。モンゴル帝国を築いたチンギス・ハンもまさにそうであって、多くの人々がその火の玉の情熱に従ったのだという。明治維新も変革に対する情熱をもった若き志士がいて、それを支持する多くの人々がいた。私が国際政治学者から政治家になったときも、まさに政治の流れが大きく変わる変革期であったのかもしれない。

改革という火の玉に連なって

二〇〇五年の八月八日、小泉総理から「総選挙に出てほしい」という電話をいただいた。郵政解散が決まって一時間後のことだった。忘れもしない、それは三〇年ほど前の熱い夏、電撃的に結婚をした結婚記念日であったのだから。

七月くらいからの一連の流れをみながら、私はそこに小泉改革という火の玉があると感じていた。衆議院を僅差で通過した郵政民営化法案が参議院で否決されると、民意を問うのだと、小泉総理は郵政解散、総選挙に打って出た。大きな改革の流れをつくり、任期中に行ってきた改革の総仕上げをするという不退転の意志のもとでの総理の行動と私は感じていた。郵政民営化は改革のすべてではなく、要素の一つでしかない。しかし、時に政治というのは具体の衣をまとうものなのだ。具体的な目標に還元することで哲学全体が表現され伝播されることがある。郵政は既得権の構造ががっちり固まった戦後日本の象徴のようなものだから、そこを民営化することで二一世紀日本の改革全体への道筋をつけようとしたのだと思う。郵政民営化という改革の具体的な衣をまとい、問題提起をする。それでどちらかを選んでくれと不退転の気構えで迫る。

したがって、私はそのときの衆議院解散が郵政民営化の衣をまとってはいるが、その改革のみを問うものではないと思っていた。解散の一時間後、私に電話がかかってきたことも、ささやかながらそれを物語っていると私には思えた。私は国際政治学が専門の学者であり、国際的な政策について発言することはあっても、郵政民営化に関して目立った発言をしたことはない。郵政民営化だけなら、ほかに適任者はたくさんいたはずである。

当時は郵政民営化については、世論をあげて侃々諤々《かんかんがくがく》の議論がなされていたから、論客は数十人はいたのである。それなのになぜ私なのか。総理は郵政民営化を突破口にしてあらゆる改革を推進していく決意なのだ直感した。その改革の一つの柱に、男女平等も入っている。実際、小泉総理はそのときの選挙で多くの女性候補者を擁立した。そして全員が勝ち抜ける方法を戦略的に考え抜き、憲政史上初、自民党結党以来はじめて、擁立した女性候補者を全員当選させるという選挙をなし遂げた。男女共同参画型の政治をしていくという哲学やさまざまな改革を背負いつつ、総理は郵政民営化という具体の衣をまとって、火の玉となって突き進んだのだと思う。

総理からの意を受けて私は、総理はすべての突破口となる改革の松明《たいまつ》を掲げ、自分を火の玉にして走っているのだ、だから自分もこの国の改革が必要だと思う部分について、火の玉になって主張していく責任があるのではないかという気持ちになった。これまで学者として二五年、社会の平和を考え、学説を唱え、発信してきた。その成果と哲学的な蓄積を、今度は理論ではなく実践にいかすために、私も具体の衣をまとわなければならない。さらに、「男女の構造改革」もあるのではないかと考えた。女性たちの苦労が軽減され、いきいきと活躍できる社会を実現したい。だからこそ小泉総理は私を選び、声をかけてくださったのだ。それまで、男女共同参画審議会や外交の場で、小泉総理の近くで仕事をしたことがある。わかりやすい言葉で語るけれども、改革への深い哲学と戦略的手法が際立っていると感じていた。

それにしても、研究者と国会議員。あまりにも異なる世界である。学問というフィールドは、ある意味でユートピアである。自分の関心に沿って突き進んでいけばよく、自分が主人公であり、自分の知的な関心やそれを分かち合ってくれる学生や研究者仲間との時間によってのみ、日々が構成される厳しくも究極の楽園なのだ。ところが政治の世界は、自分の関心で動くのではなく、困っている人がどう困っているか、それをどうすれば困らずにすむかを考えるところにすべての情熱と知恵を結集させ、異なる未来をその人にもたらさなければならない。しかし考えてみれば、私は自分の知的関心のおもむくままに、四半世紀も研究をしてきたではないか。これだけ恵まれた知的世界で培った何らかのものを、自らの生まれた社会のために実践的にいかすことも、半ば責務ではないか。私は考えに考え抜いて、選挙に出ようと決意した。学者になることをあれだけ応援してくれた孝は何というだろう。自分の気持ちを伝えると、孝は「邦子がそうしたいと望むなら、がんばりなさい」といってくれた。その人間が考え抜いて結論を出したことなら応援するという、いつも変わらぬ孝の愛情がそこにはあった。

私は東京比例区から立候補することになった。責任の重さを感じ、選挙演説など、私のできることは何でもやろうと心に決めた。しかし、小泉総理は私に、演説会で郵政民営化について語れとは言わなかった。持ち味を大事にしてこれまでやってきたことを語ればよいという感じであった。それよりむしろ早口は直すようにと話し方についての注意や、気の持ち方や心構えについてよく教えてくださった。

二〇〇五年八月二四日、東京の秋葉原で、街宣車「あさかぜ」に乗って小泉総理と二人ではじめて演説をした日のことは決して忘れない。その日はまだ公示前だったので、政策説明会という位置づけだったが、すさまじい流れを生み出す重要な演説会となった。秋葉原は、つくばエクスプレスが開通した日でお祝いムードに満ち、大勢の人々が街にあふれていた。私ははじめて何千人もの人を前にして、自分の政治に対する考え方を説明した。それまで二五年間研究し、学生たちに語ってきたエッセンスを、民主主義の現場ですべての人に訴えることができる。そのなかでも、凝縮された蒸留水のように一番いいところを伝えなければならない。ここで聴いてくれる人と私との一期一会、プロの弁士のように本当に上手に語らなければ……と、自分のなかに力が湧き上がってきた。

やがて、その街宣車に小泉総理が上がってきた。するとあたりの空気は一変した。空気が止まる、人が止まる、空っぽの電車が出ていく。活動写真の静止画のような光景が広がった。電車に乗っていた人も全員降りて、プラットホームに鈴なりになって小泉総理の演説に耳を傾けている。誰も乗ろうとしない電車は仕方なく発車のベルとともにカタカタと出ていった。ビルのなかにいる人々の動きも止まり、いま歩いていた人、バギーを押していた人、配達をしていた人、すべての人の足が止まり、全員が小泉総理を見て、話を聴こうとしている。火の玉となって流れを変えようとする具象の姿がそこにあった。その火の玉をわずか三〇センチほどの近さで見て、私自身の政治家としての火ぶたが切られたのだった。小泉総理の改革精神は党運営の、そして選挙の手法の細部にまで及んだ。

小泉純一郎総理と武部勤幹事長、そして党改革の陣頭指揮をとっていた当時の安倍晋三幹事長代理は、驚くべき水準で新しい選挙の手法を試みていた。選挙資金もなく、選挙参謀もいない研究者という職業人であった私は、その改革の精神と実践の最前線を最初に身をもって知る人となった。政党政治の根本として国政選挙とは党営選挙でなければならず、専門性と志を有する人は、党本部の支援によって、個人的な選挙資金や選挙ノウハウを有していなくても堂々と選挙戦を戦えなければならないというのが、党改革の基本ポリシーであった。候補としては自我を磨き、専門性を誇り、有権者に語りかけ、希望のある機運を生み出す人材であることだけが求められていた。その政党政治の改革の生き証人のような候補でありたいと、私は自分なりに能力の限界に挑んだ。

党本部職員で私の支援責任者となった小川美佐子さんは、選挙運動の日程のつくり方から、たすきのかけ方まで熱心に教えてくれた。私はその一つ一つを学習してすぐ実践にいかしていった。

「有権者と握手するときは、どんなに多くの人がまわりにいても握った手の相手の目をしっかり見てね」と小川さんは言い、私はその秘訣を実践した。沿道で握手攻めにあって大勢の人に取り囲まれても、一瞬の握手に永遠のアイコンタクト（目と目をあわせる）を込めようと、強い一瞬の目線を相手と結ぶようにしていった。するとその本人が満足するばかりでなく不思議とまわりの人々もそれを好感をもって受けとめ、私があちこち視線を遊ばせずにいれば、まわりの人は私をさまざまな観点から見てコメントする余裕をもつ。「テレビより、かわいい！」「服の色いいね」「足が細いね」等々。それが連鎖となって私のいる空間がお祭りのように笑いと人の渦巻きになり、それを外から見ている人は、「すごい人気のある人なんだね」と感心してくれる。主権者である有権者一人一人を、たとえ握手の一瞬でも大切にする決意は、民主主義の大事な本質であろう。

党職員は、政治においては小さなことで大差がつくことをよく知っていて、またそれを丁寧に教えるプロ意識をもち、私の方もそのノウハウを吸収して新人であることの遅れを克服しようと必死であった。「素直な人ですね」と小川さんが褒《ほ》めてくれると、吸収力を推進力に替えて私は全国を駆け巡った。そしていつしか現場の直感で、自分で判断できることも多くなっていた。

郵政総選挙も終盤のある日、自民党が長年、どうしても勝てないできた都内の小選挙区で立候補している男性候補の応援に入った。駅前で街頭演説をしていると小雨が降り始め、党職員らが私に気遣って傘をさしてくれた。ビニールの雨合羽《あまがっぱ》を羽織っているので私は傘は必要ないとささやいた。傘のないまま、立ち止まって聞いている有権者がいる。その人の目を見て、あなたがそこに立っていてくれる限り、私もここでずぶ濡れになろうと演説を続ける、と心に叫んで話を続けた。いつしか職員も皆ずぶ濡れでその街頭演説会を支えていた。新人なので自信がないからそのような思いをさせて申し訳ないと思ったが、終盤戦で必死であった。整えてきた髪はラーメンのように形状不明となり、握ったマイクからは水滴が一条の滝となっている。夏なのに、濡れた手が冷たい。雨だと人が散ってしまうのに、その日は雨と共に市民が集まってきた。演説が終わっても雨のなかで握手を求める人の波が引かない。涙なのか雨が頬を伝わっているのかわからない市民の笑顔。この選挙区は勝った、と直感した。拡声器をしまい、次の駅に向かおうとしたとき、人波のなかから、一人の老婦人が出てきてゆっくりと、しっかりと私の手を握りしめた。

「ありがとうございます。候補者の母です」と言った。「ずっとあの角の隅の方で見て、聞いていました。感動しました」。母も、候補者も、有権者も、弁士もずぶ濡れだったが、選挙の終盤、言葉を超えた心の何かが通い合った駅前であった。二〇〇五年九月一一日。開票の夜。その小選挙区で勝利したニュースに、党本部では歓声が響いた。

後日、朝刊を開くと、選挙総括記事として雨合羽姿でずぶ濡れのまま、東京比例区のたすきをかけて市民と手を取り合っている自分の写真が載っていた。かつては有識者として民主主義論や平和論を高邁に論じたその紙面に、民主主義の現場で死力を尽くす自分の姿を見たとき、政治家となった戸惑いは、民主主義とは何かを問いかける伝道者となる決意へと転じていた。

少子化・男女共同参画の特命担当大臣として

九月一一日、選挙は終わり自民党の大勝となった。しばらくして第三次小泉改造内閣の組閣が行われ、私は「少子化・男女共同参画」の内閣府特命担当大臣となった。これはこのときはじめてできた大臣職で、私は初代の専任の少子化・男女共同参画大臣ということになる。

日本は戦後、平和を政治課題として掲げ、貫いてきた。つまり政策の第一の軸は安全保障政策。そして資源が乏しいなかで経済を立て直し、豊かな暮らしのために努力してきた。つまり第二の軸は経済政策。九〇年代にはバブル崩壊というどん底の経済状況を経験したが、構造改革のおかげでようやく景気も回復しつつあった。次の政治課題は何か、第三の軸は何かというときに見えてきたのが「少子化・男女共同参画」を含む社会政策の軸である。これまで経済発展のもとに、ともすれば犠牲になりがちであった家族や男女平等のあり方、生活や地域社会の改革と発展に目を向けるときが来ている。小泉総理はこの第三の軸の重要性を認め、景気回復を待って間髪入れずに特命担当大臣を置いて重点的に取り組もうと考えたに違いない。

少子化や男女共同参画についてロで言うことはできても、それを実践するのは難しい。あれだけのエネルギーで郵政民営化をやり抜いた総理だが、その困難性を認めていると言ってくれ、「これはあなたのバトンなんだ。あなたはこれまで少子化や男女共同参画に取り組んできたではないか。お母さんだしね」とおっしゃった。だから自分は政策面でとやかく言わずに、あなたにバトンを渡したいというストレートな言い方をされた。ただし流れを変えるという決意や実行力は小泉改革の火の玉となる精神を反映するものでなければという迫力があった。

小泉総理はさらに続けた。「少子化は三〇年間ずっと続いている。この流れを変えてほしい」と。私は「三〇年間変えられなかった流れを変えるには、抜本的かつ総合的な対策が必要です。全部やらせていただけるのであれば変えることができるかもしれないが、いままでのやり方では流れは変えられないので、どうしましょう」と聞き返した。総理の答えは前者だった。総理は本気なのだ。身が引き締まる思いだった。

私は大学人として努力してきたが、困難な時期もあった。優秀な女性たちが志半ばにして、仕事を辞めざるを得ない場面もみてきた。出産の前後に七割の女性たちが退職届を職場に出す現実が日本にはある。これは女性の側だけの問題ではなく、男性も長時間労働のなかで、慈しむべき家庭を犠牲にし、苦しんできたのだ。この問題を担当する大臣職についたのだから、全力を尽くして取り組まなければならない。

哲学が変わるとき、政治が大きなうねりとなって変わっていくことがある。何が価値あるものなのかを見つめる目が重要でもある。二一世紀には「男女共同参画」が一つの価値、哲学になって新たな活力ある社会が実現すれば、多くの問題が解決されていくのではないだろうか。少子化も、男女の生き方や社会のあり方が変わっていけば解決するかもしれない。

私にはいま、大きく分ければ議員として二つの重点化している分野がある。まず少子化対策と男女共同参画の政策。小泉総理が「あなたはそこで生きてきたではないか」と言ったように、女性職業人として、また家庭人として生きてきた私にとって生涯の課題であり、また、閣僚経験分野として、末永く責任があると感じている。

そしてもう一つは、学者として長く取り組んできた平和や外交の課題である。実際、小泉総理からも立候補のとき「外交分野では君だけだから」とも言われ、この方面も議員として大切にすべきとの示唆を受けとめた。私の国会議員としての活動は、政治はこの二つの柱に基づいて最善の努力をし、そのなかで新しい課題が出てきたら、それにも立ち向かうということではないかと思う。

ローカル・ナレッジ（現場の知識）を聞く

政治とは、困っている人がどう困っているのか見極めることから始まる。そして、どうすればそれを解決できるかと考えて政策が出てくるのだと思う。だから少子化対策についても、保護者は何に困っているのか、それを知ることからしか始まらない。それを問うことが、すべてを突き動かす原点となっていく。だから現場の知識、ローカル・ナレッジに分け入り、それに基づく政策が必要なのである。ナレッジは知識、ローカルは地理的な意味のローカルだけではなく、外からではわかりにくい、その困難を生きる人やそのそばで生きる人々の時空を示す。お母さんや保育士が子どものことで知っていること、就労者が労働環境について知っていること、それらすべての大切な知識である。

困っていることがなければ政治は必要ない。マルクスは分配すべき財がまったくないか、あるいはそれが無限にある場合には政治は必要ないと言った。また、政治学では、政治とは希少価値の権威による分配であるということもある。つまり不足や未解決の困難性があるから、それをどう解決するかが政治なのだ。

学者としてこれまでナレッジ＝知識を求めてきたが、それはローカルな知識を総合・集約して普遍的なものを求める作業だったと思う。しかし政治は、ローカル・ナレッジ一つ一つを入手し、それを重視しない限り、真に有意義なことはできない。

そこで、私は大臣になると全国行脚の旅に出た。全都道府県を一〇ブロックに分けて、すべてのブロックに大臣として自ら赴き、その地域ブロック内の知事や政令市長など公選を経た自治体責任者との政策対話を系統的に展開したのである。そしてその地域の施設を見学し、保護者や子育て関係者から話を聞いた。地域と一緒になって政策をつくっていこうという気持ちだった。

忙しいのに「なぜ、そうまでして行くのか」と聞かれたが、私が少子化大臣として動くことによって、その地域で少子化対策が重要になっていく感じがあった。大臣が来るとなればそれに対応するために、少なくとも何かをしなければならない。そういう小さな積み重ねから物事は動いていくと確信していた。

政治は一人ではできない。多くの人から思いを聞き、自分の思いも伝え、そして力を結集して問題を解決していく。自分だけでは一人や二人の困難を解決できたとしても、一〇〇人、二〇〇人、さらに何万、何十万の人の問題を解決するのは難しい。だから県知事とも、市長とも、地域の人たちともスクラムを組んで、大きな円環をつくっていかなければならないのだ。

小泉総理があるとき「政治において一番大切なことは何か」をまさにひと言で教えてくださった。それは「存在」、ドイツ語で言うなら「ザイン」ということ。生身の人間であるその人が、どこに存在しているかが重要だという。政治家として忙しい時間のなかで、どこに自身の身を置くか、どこに存在するかなのだと。同時期にいくつかの案件があるとする。そのために誰と会うか、どこに行くか行かないかを判断しなければならない。一つしかない生身がどこに存在するかで政治はなされていく。自分がどうしても行かなければと思ったところには、火のなか、水のなかでも行かなければならない。あなたの存在に価値がある。どんなに素晴らしい形式的な言葉が届いても、あなたが身をもってやることと比べれば重きをもたないのだと。存在が動くときに流れが変わる。

大臣としての全国行脚も、この言葉がヒントになった。少子化対策が重要だというのなら、大臣自らがその有限な時間を使って自ら動くことで、どんなに練られた言葉より効果的に、そのことの優先順位の高いことを表現することができる。大臣は一人しかいないわけだから、その存在が物理的に動くことは、動いた先の重要性を表すことになる。自ら熊本に行ったとき、北海道に行ったとき、徳島に行ったとき、永田町の大臣室で議論をしているよりもリアルな迫力をもって、内閣は少子化対策における全知事のイニシアチブを重視していることを示すことになったのである。

地方に行けばまたローカル・ナレッジに触れることになる。地方に雇用がないから都会に出る。都会に出ると保育環境が整っておらず子育てと両立するのが難しくなる。田舎に雇用があれば、友達や親戚もいて子育てが楽なんだけれど、という話が出る。だから雇用対策こそ少子化対策にもなることがわかってくる。車座になって話すなかで本音が出てくる。それを東京にもち帰って政策に反映する、あるいは企業に協力を要請するということになる。これはたとえば、地方に支店を出したり、投資をするとき、地方は賃金が安いからコストを抑えられるという発想だけでなく、子育て支援対策も内蔵した形をとってほしい、そこで就職した人たちが結婚して子どもをもち、生涯そこで生活ができるような進出の仕方をしてほしい等々。

専業主婦が子どもを預けるところがなくてゆっくり買物ができないというので、シャッター通りになっていた商店街が買物の間、子どもを預かるスペースをつくったという街がある。そこは小さな店舗を改造したようなところだったが、保育士の資格をもった人がいて、子どもだけでなく、保護者は買物をしたあと、ちょっとほっとしてお茶を飲む。商店街のなかにある喫茶店も繁盛し、シャッター通りだった商店街もにぎわっていったという。町全体で子育てを支えることで、街も生き返るという相乗効果がある。この視察で、働く女性だけでなく、専業主婦にも、子育てしやすい環境が必要なのだということを痛感した。

ローカル・ナレッジとは、こういった現場での真実の声なのだが、耳を傾ける人が多ければ、一気に普遍的な情報にもなっていく。そういう生活の奥に潜む情報に全国で接することで、有益でぶれない政策が立てられるのだと思う。これが私の政治手法となっていった。

少子化対策は世直し

なぜ少子化の傾向が続いたのか。

若年層の経済不安、非正規雇用の増大、仕事と育児の両立の難しさ、男性の長時間労働、母親の孤独感や疎外感、子育て支援施設の不足、暴力や犯罪が増加する社会で子どもを安全に育てられるかという不安、将来への希望のなさなど、さまざまな社会の軋《きし》みが、少子化という悲鳴となって表れている。

自然環境が厳しく極端な飢餓になると、女性は子どもを産まなくなるという。母体と子どもと二つの生命を守ることができないときは、生物学的に制御されていくらしい。女性が子どもを産まなくなったのはシングル・リッチを享受して、子育ての苦労を避けようとしているなどの批判があるが、そういう人はほんのわずかであろう。子どもを生むことにより、職を追われ社会から遠ざけられてしまうという不安感が、現代日本の少子化の根底にあるのではないだろうか。少子化三〇年の社会現象をみるとき、そんな思いに駆られる。

人口が維持されるのは、「合計特殊出生率」（一人の女性が生涯に産む子どもの数の推計）が二・一くらいだといわれている。一九七五年くらいから二・〇を切る状態が続いており、八九年には丙午の一九六六年を下回る驚異的な低さ（一・五七）となり、「一・五七ショック」と騒がれたが、その後さらに下がり、二〇〇五年には一・二六にまで落ち込み、過去最低を更新した。

少子化とは、現代日本社会のさまざまな矛盾や複合的歪みの最終結果なので、社会のあり方や経済発展のパラダイムを転換していく大型の改革によってのみ、少子化対策は効果をあげることが可能と考える。それは少子化問題を改善するだけでなく、現代社会の生きにくさをも改善することになる。だから、これはもう「世直し」といっていい。

子育て支援と働き方の改革

興味深いグラフがあるので、それを見ながら、少子化の問題を考えてみたいと思う。まず一つは図1で、女性の労働力率と出生率を比較したものである。このグラフはＯＥＣＤ（経済協力開発機構）加盟の二四カ国について比べた二〇〇〇年のデータをもとにグラフ化したものである。このグラフをみると、労働力率と出生率はおよそ正の相関関係があることが読み取れる。つまり、女性が社会に出て働く率が高いほど、出生率も高くなる。これはまた、女性の働く環境が整っている国ほど出生率が高くなるということを示しているのではないだろうか。

一般に、女性が働きに出るから子育てができない、それで少子化となると考えがちだが、実はこれは逆であることを示している。ところが日本では、子育てと仕事の両立は苦労が多く、結婚しても子どもを産まない選択をして仕事を続けるか、子どもを育てるために女性が仕事をあきらめている。専業主婦になると保育園などの子育て支援が受けられないため育児疲れで第二子を生む自信がない、というケースも多い。出生率も労働力率も低くなるというわけだ。それに対して子育てと仕事を両立しやすい環境があれば、仕事もし、社会の子育て支援を享受しながら子育てもするということで、両方とも高くなるということなのだろう。

先進国の状況をみてみると、どの国も工業化、産業化するなかで、少子化になる傾向があった。しかしどこかでその少子化の流れをとめ、好転させている国が多い。こ

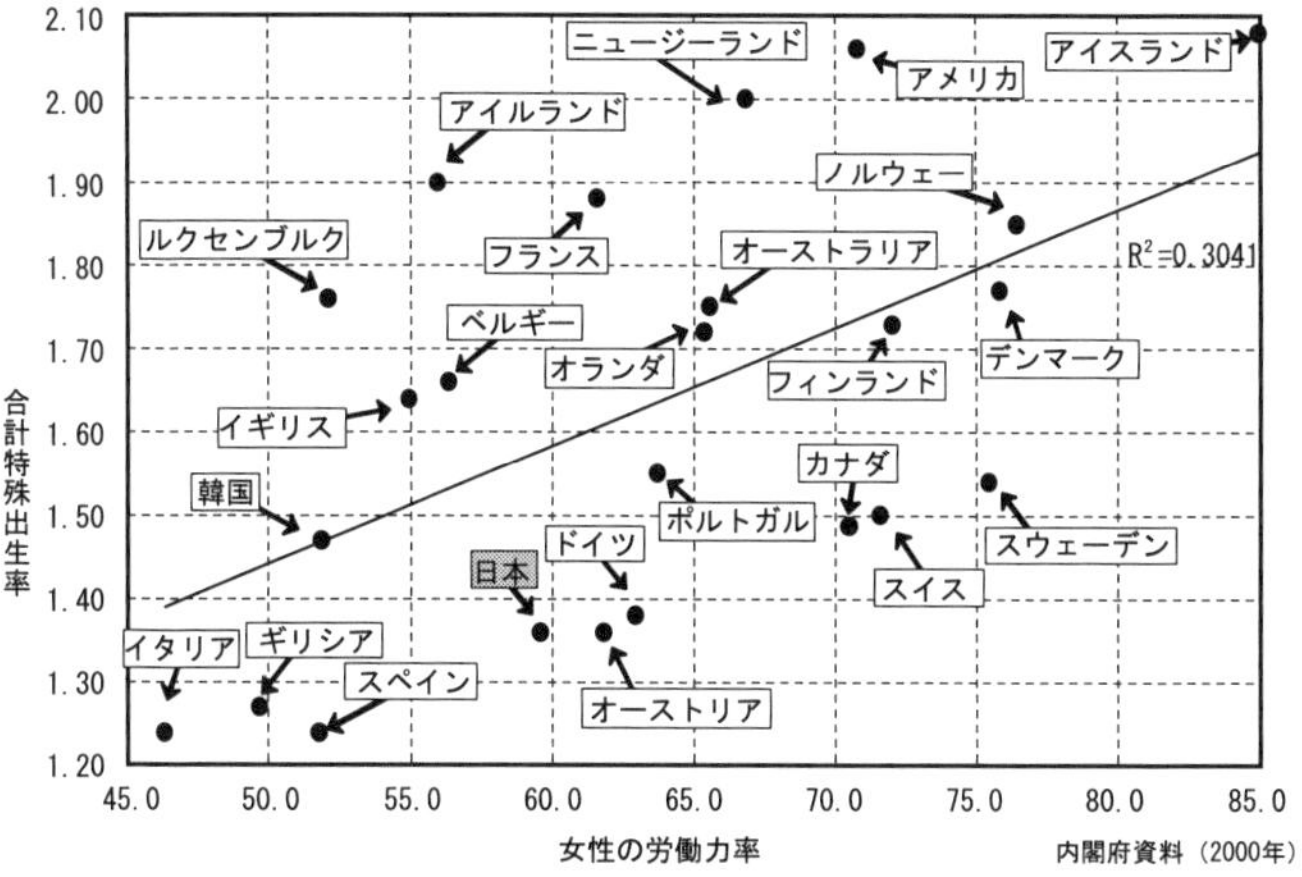

図1　女性の労働力率と出生率の関係

れに成功する国しない国があるのだが、その分かれ道となっているのが、子育て支援や仕事との両立支援が充実しているかどうかということではないだろうか。

　働く女性の支援だけでなく、専業主婦にも子育てがしやすいように、全子育て家庭支援にしなければならないし、長時間労働なども是正しなければならない。前項で分析した、社会全体の軋みを直していく、世直しの観点が必要である。

　子育てもいろいろな段階があって、困り方もさまざまである。子育て支援は子どもの成長段階に合わせてきめ細かく支援していくことが重要だ。二〇〇六年六月に大臣としてついに全省庁省間調整をして政府決定することができた「新しい少子化対策」は、まさにこの「子どもの成長段階に合わせた子育て支援」が軸足となったのである。

まず、若い人は経済的に困難な状況に置かれていることを考える。バブル崩壊の就職氷河期にあって、非正規雇用を余儀なくされた人も多い。出産・乳幼児を育てる時期は所得が一番少ないときでもあるので、経済的な支援が必要である。そこで出産費用の事実上の無料化（出産育児一時金の制度的改善）と、児童手当制度のなかでの乳幼児加算の創設等を考えた。

小学校入学前は保育園や子育て支援施設の充実が欠かせないから、保育園への待機児童ゼロや、事業所内託児所の充実、病児保育などにも力を入れた。働く親だけでなく、専業主婦に対しても子育てがしやすいように、全家庭を対象にした地域における子育て支援拠点を多くつくることも考えた。

小学校に入ってからは放課後の子育てが問題になるだろう。「放課後子育てプラン」として全小学校区に、可能な限り小学校内において、放課後の子どもが充実した時間を過ごせる場所を確保することを推し進めている。小学校内に、夕方の六時ごろまでいることができ、そこで稽古事やスポーツ、補習をしてもらえるというようなことが進められるとよいと思っている。

そしてさらに進学に際しては、奨学金制度の充実により後々の教育費の不安を解消する必要があると考えた。

次ページのグラフは男性配偶者の家事・育児時間と出生率の関係を示したもの（図2）である。これもおよそ正の相関関係があって、先進国の場合、一般的に男性の家事や育児の時間が多くなるほど出生率は高くなる傾向にあることを示している。グラフを見ると、日本ではいかに夫の家事・育児時間が少ないかがわかる。欧米の他の国々と比べても際立って低いことに驚かされる。この問題は、男性の意識改革のみならず職場での長時間労働の是正など、働き方を変えていくことにより改善しなければならない。

そこで、少子化対策のもう一つの柱が「働き方改革」となった。

まず、若者の就労支援。ニートやフリーターを正規の社員にしていくことである。それによって若者の経済的な基盤を整えることが重要だ。育児休業制度の活用や、乳児期の短時間労働など、子どもをもっても働きやすい社会に転換していくこと。これ

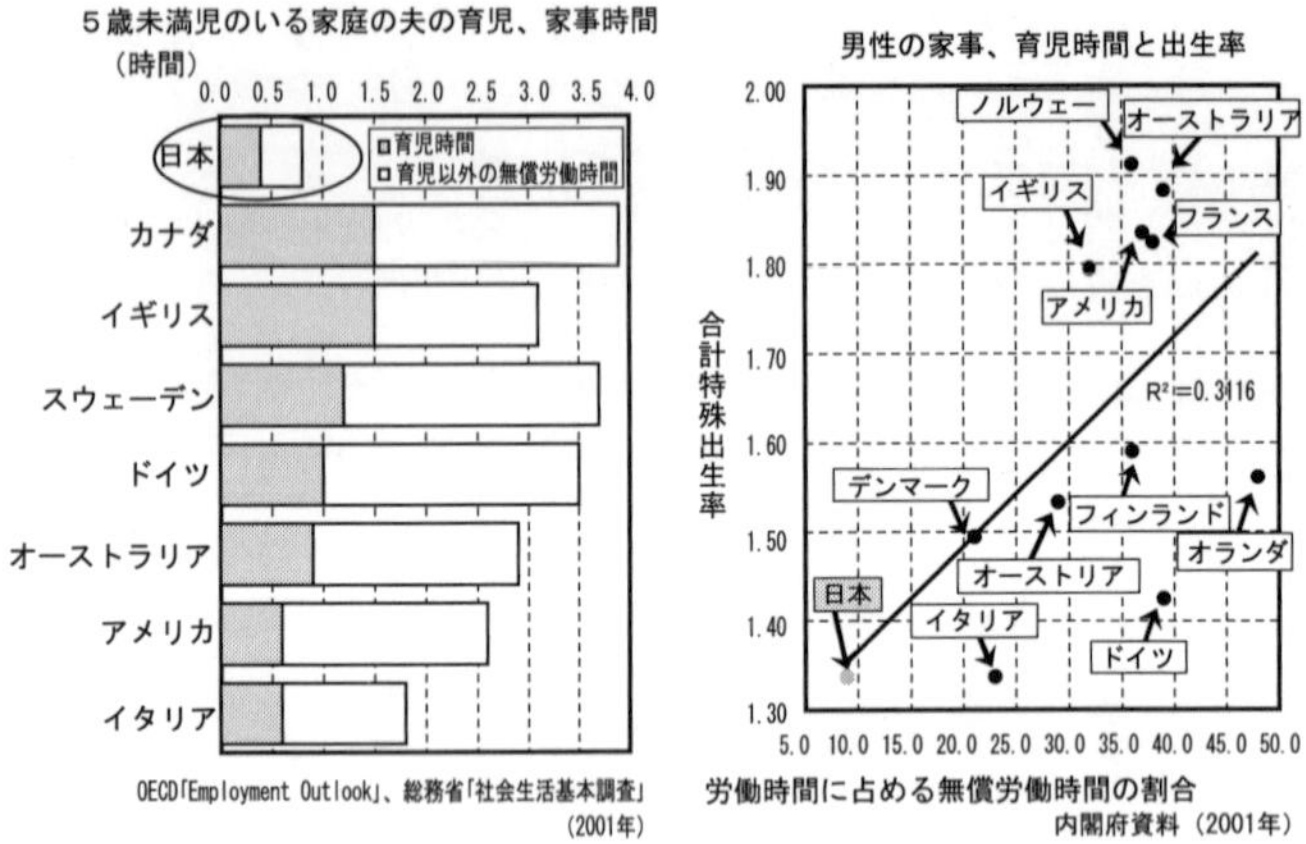

OECD「Employment Outlook」、総務省「社会生活基本調査」
(2001年)

内閣府資料(2001年)

図2　男性配偶者の家事・育児時間と出生率の関係

には、企業側にも独自の子育て支援策を工夫してもらいたい。また、子育てが大変なときにはいったん家庭に入り、少し余裕が出たら仕事に復帰する、そのための女性の再就職支援なども充実させ、多様な働き方が選択できるようにすることも大切だ。

そして男性の長時間労働も是正し、バランスのとれた職業生活により活力や創造性を高めるような新経営戦略があってよい。

このように働き方を見直し、子どもがいても働きやすい職場環境を整え、子どもの成長段階に合わせた子育て支援があれば、若い人たちは子どもを産み育てる希望と自信を取り戻すことができるのかもしれない。また、子育てについてはむろん保護者が第一次的責任を負うが、その保護者を社会全体で支えるという社会思想があれば、少子化をとめることができるかもしれない。

国の本気度をみせる

「新しい少子化対策」を調整する段階も、これを実施へと進める局面でも、大きなエネルギーが必要であった。いくつかの山坂を越え、苦しい丘を登らなければならなかった。

たとえば、病児保育。病気のときぐらい親は子どもをみるべきだという批判があった。だから最近まで病児保育はほとんど進んでいなかったのである。あるとき、病児保育を先駆けてやっている現場を見学した。それは大病院に併設され、大変熱心な院長のもと、医師や看護師の手厚い対応が可能な施設であった。高熱がある子どもを預かることもあるだろうから、病院が身近にあることが必要だ。また、インフルエンザなどがはやる季節は病児保育がいっぱいになっても、季節によっては少なくなることもある。だから常時看護師を配置したのでは、コストがかかりすぎてやっていけない。その点、病院に併設されているなら、病院のローテーションのなかで医師や看護師を活用することも可能となる。なるほど、病院に併設されているなら病児保育もうまくいくかもしれないと思った。その施設は感染症を防ぐために、施設の気圧を変えて、ある一定の方向に空気が流れるようにしたり、内装に木材を使い、家庭にいるようなリラックスした環境をつくるなど、さまざまな工夫が凝らされていることにも感心させられた。

そこで私は「お母さんたちはそこに何日子どもを預けているのか、統計があったらみせてほしい」とお願いした。普通、子どもが熱を出すとちゃんと治るまでに三〜五日ぐらいかかる。だから預ける日数が一番多いのは二日か三日かなと思ってみせていただいたら、まったく違っていた。一番多いのは一日、それも圧倒的な多さである。二日預ける人はガクンと少ない。

朝、子どもが熱を出した、さあどうする。保育園には預けられない。仕事は？　あなたが休むそれとも私？　と夫婦の話し合いになる。子どもの熱ぐらいで会社を休めるかという夫の強い調子に戸惑いと反発を感じながらも、会社に休ませてくださいと電話を入れる妻。こんな朝の光景はどの共働き家庭でもあることだろう。

仕事というのはお互いに急には休めないものなのだ。だから病児保育があれば一日だけ預けて、母親は職場に行き、次の日から休んで子どもの面倒をみるための段取りをする。病児保育の日数で一日が圧倒的に多いというのは、そういうお母さんの真摯《しんし》な態度があることを物語っている。

現場の知識、ローカル・ナレッジとはまさにこのことなのだ。これを東京に戻って訴えると、病気のときぐらい親がみろという批判は出なくなった。それで病児保育の予算枠を大きく拡大することもできた。病院に病児施設の併設を義務づけることは難しいかもしれないが、そういう施設をつくったところに税の優遇措置をつけるとか、何らかの動機づけを強化することはできるのではないか。

少子化対策のうち、実現が一番難しかったのは「児童手当における乳幼児加算」であった。三歳未満の子どもがいる家庭に、子ども一人につき毎月一万円を支給するというものだ。このためには一〇〇〇億円を超える財源が必要だ。一万円ではたいして足しにならないし、若い人が子どもを産もうという気になるわけではないだろう。少子化を食い止めるのに何の効果もない、と国をあげての大騒ぎになった。私ももちろん一万円で十分と思っていたわけではなかった。ただ、若者に対して、経済的苦境について国は受けとめているという意思表示をしたかった。大臣の全国行脚を通して目の当たりにした、地方経済の疲弊、若者の経済的な窮状への意思表示である。わかっているならいつかは助けてくれるという安心感、希望こそが重要だと思った。それは疎外感、絶望とは対極にある、小さな光となる。

最近少子化対策に成功しているフランスでは、この種の援助の金額は日本の五〜六倍にもなっている。それは国が若者の子育てを支えてくれるという安心感につながっていると思う。これまでになかった制度の立ち上げということで、日本ではさまざまな議論になったが、諸外国ではすでに取り入れている国も多い。日本もささやかだが、できる範囲で子育て支援を始めているという信頼感を、若い世代と国との間につくりだすことになったのではないだろうか。

ある若い男性と話をしたときのこと。彼が「僕も子どもがいるので、今回の乳幼児加算の制度ができて本当に嬉しい」というので、彼にも一万円が支給されたのかなと思ったら、そうではなかった。自分の子どもは四歳なので支給対象にはなっていないのだが、そういう子育てのマイナーなことに国がきちんと取り組み、大事にしていることが嬉しいというようなことを言ってくれた。こういうふうに受け止めてくれる若者がいるのだと、その市民的成熟に励まされた。

結局、粘り強い交渉を行って、平成一九年度の一般歳出予算の伸びが前年度比一・三%にとどまる一方、少子化関連予算は前年度比一二・三%の伸びとなった。そもそも国の社会保障給付費（平成一五年度）をみると、七〇・四%は高齢者向けで、児童・家族向けは三・八%にすぎない。今後もますます高齢化は加速していくから、高齢者向けの予算はいくらあっても足りないのはわかる。しかし児童・家族向けがあまりにも少ないではないか。現に少子化という現象として社会のひずみが表れているのだ。もう少し、若者や次代を担う子どもたちへ予算をまわしてもよいのではないだろうか。それが若者の希望になり、社会の活力になる。高齢者向けの給付を一%移すだけで、児童・家族向けの大きな財源となるのだ。高齢者にもう少し孫や子の世代に予算を振り分けてといったら異論はないのでは？　若者に軸足を置いた予算配分、若者に希望を与える予算配分をと切に思うのである。

地方に行くと、昔は三世代同居が多く、大勢の手があって、子育てもみんなでやれたけれど、最近はなかなかそういうことができなくなったという声を聞くことが多い。私はそのとき、地域全体で三世代同居、国全体で三世代同居と思ってほしいという話をする。縁あって同じ地域に暮らすのだから、その地域で子どもたちを育てるという発想、国全体で、日本という社会全体で、この国の子どもたちを育てるという発想が必要ではないだろうか。

少子化対策を考えることは次代を担う子どものことをみんなで考えること、生命の誕生をみんなで喜び合う、本当に格好いいことなんだという、発想の転換が社会全体でできるとよいと思っている。

国が少子化担当大臣を新設し、少子化対策を打ち上げ予算措置もしている。国は掛け声だけでなく、本気でこの少子化に取り組んでいる。こういう国の本気度が伝わったのだろうか。二〇〇六年の出生率（合計特殊出生率）は過去最低だった〇五年の一・二六から、一・三二になった。これは六年ぶりの上昇であり、四〇年ぶりの上昇幅である。生まれた子どもの数は前年より三万二千人も多かった。三〇年来続いてきた出生率減少の流れを変えることができたといえるだろうか。少なくとも、かすかな光が灯ったことは実感できた。少子化担当大臣として本気になって駆け抜けた一年であった。

未来をつくる男女共同参画社会

私が特命担当大臣として担った課題は、「少子化対策」に加えて「男女共同参画社会をつくる」ということであった。未来をつくるキーポイントは男女共同参画社会であるという、未来を鋭く見通す透徹した目があって、この大臣職が設置されたのだと思う。

実は私はこの特命担当大臣になるはるか前に「男女共同参画会議」の委員になり、一九九九年六月に成立した「男女共同参画社会基本法」の策定にかかわっている。

一九九六年、政府の中央省庁再編の行革会議で、私は唯一の女性委員を務めることとなりその報告を書き、「男女共同参画会議」が設置された。官邸に設置された四大会議は、経済財政諮問会議、総合科学技術会義、防災会議、そして男女共同参画会議だった。その会議ができたころというのは、男女参画などという言葉もはじめて聞く人も多い時代。経済、科学、防災はどれも日本の国の骨格となるものばかりであり、男女共同参画とはなんだ？　なぜ重要なものといっしょにすると批判された。

そのなかで、私は「民主主義国家にあって、男女平等は基本です。男女が共同で世のなかをつくっていくことはごく当たり前のことなのに、日本はここがとても遅れているから、遅れている分野を強化することは、進んだ分野をさらに強化するのと同じぐらい大事なんです」と、声をからして主張することになった。それでも男性委員はあまりピンとこない感じで、何かと反対意見を言ってくる。

そのとき力になったのが、女性が結束してくれたことだった。私の原案について女性の全国会議員が、党派を超えて賛成にまわってくれ、その議員たちを支持している女性団体すべてが賛意を表明してくれたのである。女性が出してくる案件を潰そうとする立場の人は「女性のなかで意見が割れているでしょう」とか、「審議不十分だから今回はまとめないことにしましょう」などと、いじわるな言い方をしてくるのだが、そのとき「いいえ、これは全女性議員が一致して支持した、女性たちの意見を集約した結果なんです」と強気で言い返すことができた。これは本当に信じがたい結束だった。女性たちは社会に出たときにはまだまだ逆境にある。それをみんな認識しているから、女性の逆境を打ち砕くような案件には、党派を超え利害を超えて団結できるのだということを、私はそのとき深く理解したのである。

一九九九年には国会で、男女共同参画基本法は全会一致で採択された。これからは男女平等社会を推進していくことを全員で確認したことになるのだから、快挙である。新しい夜明けを感じたと、そのときのことを述懐する人は多い。

基本法には次のような五つの基本理念が掲げられている。

①男女の人権の尊重（第三条）…男女の個人としての尊厳を重んじ、男女の差別をなくし、男性も女性もひとりの人間として能力を発揮できる機会を確保する必要がある。

②社会における制度又は慣行における配慮（第四条）…固定的な役割分担意識にとらわれず、男女がさまざまな活動ができるように社会の制度や慣行の在り方を考える必要がある。

③政策等の立案及び決定への共同参画（第五条）…男女が、社会の対等なパートナーとして、いろいろな方針の決定に参画できる機会を確保する必要がある。

④家庭生活における活動と他の活動との両立（第六条）…男女が対等な家族の構成員として互いに協力し、社会の支援も受け、家族としての役割を果たしながら、

仕事をしたり、学習したり、地域活動ができるようにする必要がある。

⑤国際的協調（第七条）…男女共同参画社会づくりのために、国際社会とともに歩むことも大切。他の国々や国際機関とも相互に協力して取り組む必要がある。

これらはいずれも重要なことで、男女共同参画社会をつくるうえで踏まえておかなければならないものである。二〇〇〇年の一二月には第一次基本計画ができ、具体的な行動計画が推し進められてきた。私が大臣に任命されたときには、この第二次男女共同参画基本計画を策定する年に当たっていた。すぐに取りかかり、その年、二〇〇五年の一二月二七日、年の瀬も押し迫まるころに年末の最終閣議にて決定された。

二〇二〇年までに女性参画三〇％へ

第二次男女共同参画基本計画には、より具体的な取り組み内容を掲げている。まず第一は、政策・方針決定に男女が平等に参画すること、そのために二〇二〇年までに、各分野の責任ある立場の女性が三〇％以上になるようにと、具体的な数値目標を掲げた。二〇一〇年、二〇二〇年と、段階的な目標を立てて、積み上げていく必要がある。

現在のところの参画状況をみてみよう。

・衆議院議員……九・四％（二〇〇六年四月、四八〇人中四五人）（一九五二年は一・九％、〇七年国際比較では一八八カ国中一三一位）

・参議院議員……一七・八％（二〇〇七年九月、二四二人中四三人）（一九六二年は六・三％）

・国の審議会等における委員……三一・三％（二〇〇六年）（一九七五年は二・六％）

・地方議会議員……九・四％（二〇〇六年）（一九七五年は一・二％）

・管理的職業従業者……一〇・三％（二〇〇六年）（アメリカ四二・五％　ドイツ三七・三％　スウェーデン二九・九％〈二〇〇五年〉）

・国家公務員管理職……一・八％（二〇〇六年、八四五六人中一四二人）（アメリカ二六・三％〈二〇〇五年〉、フランス一四・〇％〈二〇〇三年〉）

・司法分野……裁判官一四・二％　弁護士一三・〇％　検察官一〇・二％（二〇〇六年）（一九七七年は裁判官二・一％　弁護士三・三％　検察官一・〇％）

・研究者……一一・九％（二〇〇六年）（一九九二年は七・九％）

（フランス二七・五％　イギリス二六・〇％　ドイツ一五・五％〈二〇〇〇年〉）

・医師国家試験合格者……三二・七％（二〇〇六年）（一九九一年は一九・二％）

＊第一子出産時に離職する割合……六七・四％（二〇〇一年）

この数字をみると、政治や行政の部門、司法分野、研究者、一般企業の管理職、いずれも女性の参画状況は一割程度ということがわかる。国家公務員管理職に至っては一％台とお寒い状況だ。医師国家試験合格者が三割を超え、女性医師が活躍する様子がうかがえるが、激務のなか、医師として継続していけるかは予断を許さないところだ。国の審議会等における委員が三割を超えているのは、男女共同参画推進本部で付帯的な数値目標を設定して、男女平等を推進している成果の表れだろう。

最後に、第一子出産時の女性の離職率をあげたが、七割近くにものぼり、管理部門に限らず、女性が社会に出て活躍することの難しさを示している。

一部、外国との比較をあげたが、日本の男女参画状況がいかに遅れているかをみることができる。また、ジェンダー・エンパワーメント指数（GEM：女性が政治および経済活動に参加し、意思決定に参加できるかを測る指数）の国際比較をみても、日本は七五カ国中四二位という低水準であった（二〇〇六年国連開発計画の報告書より）。女性の衆議院議員の割合も一八八カ国中一三一位という数字をどうみたらよいのだろうか。男女参画が進んでいない状況は、国際的にみて近代国家として恥ずべき状況にあるということにはならないだろうか。男女が共同参画して社会を築いていくことが二一世紀における重要課題なのだという、意識変革が求められている。

二〇二〇年までに女性参画を三〇%以上に、という数値目標を掲げたのは、より具体的に、男女の共同参画をイメージしてもらいたいからであり、国際比較からしても、決して遠い数字ではないと考えたからである。このことが社会を構造的に変えていくことになるだろう。これを二〇二〇三〇（ニーマルニーマルサンジュウ）という合言葉で広げ、ぜひ実現していきたいと思っている。

国の審議会等の委員について述べたが、著しい成果を上げているところを紹介する。それは日本学術会議である。同会議では二〇〇〇年六月に、一〇年後には女性会員比率を一〇%まで高めるという目標を設定して取り組んだところ、一〇年を待たず、二〇〇五年の改選で女性の割合がおよそ二〇%になり、目標を大きく上回った。やればできるということではないだろうか。

第二次計画案では、このように数値目標を掲げると同時に、その目標達成のためのきめ細かな対策を立てた。仕事と家庭、地域生活を両立するために、男女ともに働き方を見直す。育児や介護の期間は男女ともに短時間労働を可能にする。きめ細かい子育て支援によって、子育てしながら仕事や社会に出ることができるようにする。あるいはチャレンジ支援といって、女性がいったん家庭に入った後に、もう一度社会に出るための就職や起業支援も検討している。また男性にとっての男女共同参画社会はどういうものかという啓蒙も進めていきたい。女性に対するあらゆる暴力の根絶も、男女が共同してつくる家庭や社会には必要なことだろう。あらゆる分野・観点から、男女共同参画社会実現を推進していきたいのである。

そして、男女共同参画を進めていくうえには、人々の意識を変えていくことも重要だ。私が国際政治学を目指したとき「え、政治学？　女性で？」というような見方をされた。女性が国際政治を目指すなど、とんでもないという風潮であった。あれから三〇年余、少しは変わってきていると思うが、まだまだ「女性は科学に向かない、女性科学者は採用したくない」とか「女性の管理職のもとでは働きたくない」、「管理職は男性、女性は補助職で十分」といった偏見に満ちた発言も多く聞かれる。平和の世のなかなら、よほどの力仕事でなければ、女性も十分に活躍できる、女性の、男性とは違った感性を生かすことで発見や発展もあるはずである。そういう意識変革と柔軟性が重要なのだ。

女性たちの団結と三つの「ひ」

二〇〇六年の六月三〇日、七月一日に東アジア男女共同参画担当大臣会合が東京で開かれ、私が議長を務めた。基本法の第七条にあるように、国際的に協調し、男女参画問題を深めるには、地域の責任者が集まる必要があると考え、中国、韓国、アセアン諸国、オーストラリア、ニュージーランド、インドなど一六カ国に呼びかけたところ、全部の国から担当大臣ないしは大臣クラスの方々が集まってくださった。「東アジアにおけるジェンダーの平等を目指して」をテーマに積極的に討議し、「この連帯がよい模範となり国際社会に発信されるように努力する」との合意や各国における努力の方向性、また持ちまわりで年次会合をしていくことなどが全会一致で閣僚コミュニケとして採択されたのである。男女共同参画をテーマとした東アジアの閣僚会議はこれがはじめてであった。

男女共同参画社会というのは、もちろん男女でつくっていかなければならないものだが、この概念を最初に広めていくのは逆境に置かれている女性たちかもしれない。東アジア閣僚会合に参加してくれた大臣たちはほとんど女性であった。

女性が団結することの強さは、前述のように行革会議で男女共同参画会議を設置したときなど痛感することが多かった。それでというわけでもないが、女性たちの団結、連帯が大切だという思いがあり、私は衆議院議員に当選すると、そのときはじめて当選した自民党の女性議員に声をかけ、一六人の会というものをつくった。必ずしも政策的に同じ考えをもっているわけではないが、女性たちはいろいろな場で苦労しているから、可能な限り協力し合えるようにしておくとよいのではないかと考えた。女同士は時につまらぬことでいがみ合うこともある。そうならないダイナミクスを初期の段階でつくることができたことは、今後の政治、とくに女性がまとまらなければ突破できないような案件で力を発揮してくれるだろう。少なくとも無益な足のひっぱり合いはしないですむ。女性の無念を背に生きるという私のなかの通奏低音に背中を押されて、行動となることがあるが、このときがまさにそうであった。

一般の社会でも女性たちの団結は重要だと思う。私はよく三つの「ひ」ということを言っている。「ひるまない」「ひがまない」足を「ひっぱらない」の「ひ」だ。何かに抜擢されたり推薦されたときに「私にはそんな能力はない」とか「もっとできる人がいるのでは？」などとひるまないこと。「全力でやらせていただきます」と受けて立ち、積極的にその役割を担っていくことが必要だと思う。そして、まわりの女性はそれをひがんだり、足をひっぱったりしないこと。女性が社会に出て行くことには、困難がつきものだ。それを切り開いていこうとしている人の後押しをすることで、女性の社会参加を進めていけばよいと考える。ひるまずにやってきた人たちが道を切り開いてきたからこそ、女性の社会参加は少しずつ前に進んでいる。そういう認識をもって、互いに協力し支援し合うことが必要なのだと思う。

男女共同参画社会も、そういう女性たちの積極的な態度や、それを支える女性たちの和があるからこそ実現できる。三つの「ひ」は、男女共同参画社会の出発点でもある。

レイズ・ザ・ボイス！（声をあげよう）

ローカル・ナレッジを聞くという項で、政治というのは、困っている人がどう困っているのかを知ることから始まるから、子育てなどで、お母さんが何をどう困っているか、現場で聞くことに力を入れたと述べた。私も聞きに行くが、困ったことがあったらどんどん声をあげてほしいと思っている。まさにそこから政治が始まるのだから。

小型武器の軍縮を進めるときは被害者からの声をあげてもらった。核軍縮では唯一の被爆国として、日本の体験を話すことで賛同してもらった。被害者や困っている多くの人々の声は無視できず、たくさんの人々の心に届き、いつかは政策に反映されていくものだと思う。逆に声があがらなければ多くの人に認識されず、いつまでも改善されないままになってしまうだろう。

私の後援会からまさにあがってきた声があった。産休についてである。いま、産休は法的には産前六週間と産後八週間と決められているが、産後休暇を一二週間にしたらどうかという意見であった。一二週過ぎれば子どもの首がすわるから、たとえゼロ歳児保育の場合でも、子どもを預ける側にとっても保育士さんにとっても安心感があるというものだった。母体保護を考えるなら六週間ないし八週間でよいという議論になり、一二週間はとんでもない、という見方をされてしまう。しかしそうではないのだ、母体保護だけでなく子どもの観点に立てば、この一二週というのは十分に説得力がある数字なのだ。これは、本当に困っている当事者でなければなかなかわからないことだろう。そういう声をあげてほしい。ささいなことと思われるものでもよいのである。

この声をあげてくれたのが、産休をとっている当事者ではなかったことにも注目したい。「私は育児休業を一年とることができたので問題はないのですが、産休しかとれなくて、産休明けには職場に戻らなければならないお母さんもいて、その人たちから聞いた話を伝えているのです」ということだった。彼女はもう子どもは育て終わっているということで、直接の受益者ではないが、これからの女性のためにそういう声をあげてくれたのだった。本当に困っている人というのは疲れ果てているか希望を失っているかして、実は声をあげにくい状況にあるかもしれない。その場合はそのまわりの人、その意見を代弁できる人が声をあげてくれることが大事だ。勇気をもって声をあげられる幸運な人は五千人に一人かもしれないが、その一人の後ろにつらい状況を抱えている五千人の人がいて、一人の声によって五千人、五万人もの悩みが解決できると考えたい。

声をあげてもらえば、議員である私は全力を尽くして激しく働くことになる。すぐに実現できなくとも、みていてほしい。議員をやっている限り、産休は一二週間必要だと言い続けるだろう。戦後保障された六週間は、貧困のなかで働かなければならなかったお母さんの母体保護のためにできたかもしれないが、いまは多少の余裕ができた時代なのだから、子どものために産休を一二週間にしてもよいのではないかと、そう主張し続けるだろう。これは結果的には母親のためにもなり、子どもによい人生をスタートさせることにもなる。これには誰も反論できないだろう。

こんなふうに政治は困っている人の声で、ダイナミックに動いていかなければならない。そのためにこそ国会議員はいるのであり、政治家はそのためにこそ激しく働くものなのだ。さあ、勇気をもって「レイズ・ザ・ボイス！」、私は心の声を待っている。

5章　平和の地平で生きる

二〇世紀は戦争の世紀といわれる。事実、前半は第一次世界大戦、第二次世界大戦という世界を巻き込んだ戦争があり、多くの国は戦火に見舞われた。戦後、大国間の戦争は回避されたかにみえたが、ベトナム戦争、民族紛争と戦争が多発した。二一世紀はくしくも二〇〇一年の9・11の同時多発テロにより、テロとの戦いを予感させる幕開けとなった。

しかし、二国間交渉、多国間交渉を積み上げ、世界が平和のために努力しようという姿勢を示していることは紛れもない事実で、これを二一世紀はさらに推し進めていかなければならない。平和を実現し、平和の地平でどう生きるか。二一世紀のパラダイム（思考の枠組み、進化の概念といったもの）と、そこに生きる私たちの暮らしや生き方を考えてみたい。これは私が最も関心をもって追求してきたことでもある。

日本がもっている特別な光

一九九〇年代、日本はバブル経済が崩壊し、経済的に非常に苦しい時代を過ごしてきた。失われた一〇年などといわれ、日本人は自信を喪失していたのではないだろうか。いま緩やかにではあるが、経済は上向きに転じ、かすかな光を放つようになっている。

しかし私は、国際政治を学び軍縮大使として世界の多くの国々の人たちと接するなかで、日本は特別な光をもつ国なのだということを実感してきた。世界からみたときに、日本を参考にしたい、手本にしたい、日本は人類社会に希望を与える、と何度いわれてきたことか。その光は大きく、まさに特別な光であって、かすかな光などではない。

ここでいう特別な光には二つの意味がある。一つは、日本は無資源国なのに、世界第二位の経済大国になったということである。世界はいつも資源獲得戦争の様相を呈し、資源のない国は発展をあきらめがちである。そのなかで日本は無資源国なのに、著しい発展を遂げることができた、不可能を可能にしたすごい国だと思われている。世界はその秘訣を知りたいと思い、多くの国が尊敬と羨望をもってみつめている。

なぜ不可能を可能にできたのか、その説明が世界に十分に届いていない気がしてならない。私はその秘訣は二、三あると思っている。

一つは勤勉な国民性。勤勉な日々の努力によってついに勝利を手にすることができる。逆に、どんなに才能があっても日々の努力をあなどっては、決して勝利へはたどりつけない。日本人は勤勉で日々の努力ができる、誇るべき国民性をもっている。明治維新で諸外国の人々が日本に入ってきて驚いたのは、まさにそのことだった。貧しい身なりをしているが、日本人は礼儀正しく実に勤勉によく働くと、驚きをもって自国に報告されている。

二つめの理由は改革マインド。勤勉な国民性があっても、同じことを繰り返しているだけでは、世界第二位の経済大国にはならないだろう。日本は技術立国といわれるように、常に工夫し改良を加えて物づくりをしてきたし、ちょっとした遊び心やトライする感性ももちあわせていたと思われる。資源がないから工夫するしかない、資源は我が内にありということだろう。

そしてもう一つあげるなら、巧みな政策力である。とくに戦後は、資源がないことを意識しながら巧みな資源外交をやってきた。戦後の復興から工業化を進めて、幾多の石油危機や円高を乗り越え経済大国化していくには、強靭な政策の勝負があったと思われる。

国として、政策の勝負があり、国民社会全体として改革の勝負があり、国民の一人として、日々の勤勉の勝負があると、そんなふうに感じている。

特別な光のもう一つの意味とは、日本が軍縮の旗手であるということ。日本は唯一の被爆国として、不戦を誓い、戦後一貫して平和を貫いてきた。日本人は戦後の平和を築いてきたことにもっと誇りをもつべきで、さらに平和主義を貫く決意を日々新たにしなければならないと思う。平和を貫くことがいかに困難かを知っている多くの国は、日本のこの特別な光をとりわけ強く感じている。そういう国だからこそ、軍縮や核不拡散を先頭に立って進めてくれるだろうという期待がある。私は多くの場面で、その期待をひしひしと感じてきた。日本は軍縮外交でリーダーシップをとっていかなければならないのである。

困難な時代を迎えたときにはいつも、この日本の二つの特別の光を思い出そう。これが日本の原点であり、日本を再生するときのコアになってくれるはずだから。

高齢社会の平和

最近になって、さらにもう一つの新しい日本の特徴が指摘できると思う。それは日本が高齢社会におけるフロントランナーになっているということだ。高齢化は世界史的にみても大きな変化であり特徴であるが、日本は例のない速さで高齢社会に突入し、その道を突き進んでいる。しかも少子高齢化としばしば記されるように、それは少子化と一体になって進み、問題が大きくなっている。ここをどう乗り越えるか、どう緩和し折り合いをつけていくか、これは二一世紀の大きな課題であり、日本一国の問題に留まらず、その対策はアジアの国々の手本になり、道を拓《ひら》くことになる。

ヨーロッパなどの、人口が一千万人ほどの小国ではすでに努力がなされ成果もあがっているかもしれないが、アジアは人口の多い国が多いから、日本の状況に近く、やがて日本の政策を参考にすることにもなるだろう。しかもアジアの国々も近代化とともにすでに少子化傾向がみえている。だから、日本がそのフロントランナーとしていかに的確な政策を示すことができるかが重要になる。

私は前半生を国際政治学者として生き、戦争と平和について考えてきた。政治家となって少子化担当の閣僚も経験した。その二つを考えていくうちに、私は高齢社会の平和、ジェリアトリックス・ピース（jeriatric peace）という考え方、つまり、高齢民主主義国には不戦構造があるという仮説に行き着いた。私の恩師であるラセット教授は、民主主義国家間の不戦の構造を発見したが、これは二国間の属性が民主主義国家でなければならなかった。それに対して、高齢民主主義国というのは二国間、お互いがそうならばもちろん戦争は起こらないけれども、一国だけの属性であっても戦争は起こらないといえるのではないか。高齢民主主義国は不戦構造に生きようと相当努力するだろうと思えるからだ。

なぜそうなるのか、理由は三つほど考えられる。第一に、高齢社会になると、労働人口が不足するため、いろいろな形で労働力を外部から補充することになる。そのことで多くの人が異文化に触れ、相互理解が進むだろう。高齢社会になって労働力が不足するというリアルな経済的要因が、異文化間の難しい問題を引き起こす一方で、世界についての関心や知識が深まり、相互理解につながっていく。また、労働の相互依存とは、外国からの労働力を入れるだけでなく、国内ではある種の制約により雇用の機会を見出せない人が海外に流出することも含んでいる。雇用機会を見出せない人というのは女性や高齢者、あるいは高度な能力を問われる職業人であるかもしれない。いずれにしても労働の相互依存が起こり、お互いの国の文化の理解が進み、不戦構造を進めるのではないかと考えられる。

もう一つは、民主主義国家なら高齢社会になるにつれ社会保障支出が拡大していくから、その費用を捻出するうえで、軍事費との緊張関係がもたらされるということだ。構造的に軍事費に制約がかかり、不戦への努力が一層なされると考えられる。なぜなら民主主義をとらない国では、高齢者に対する社会保障を十分にするという内圧が働かないかもしれないからである。しかし民主主義国なら、人間の尊厳、人間としての権利という観点から、高齢者への支援は妥協することができないから、強い内圧がかかることになる。昔は、軍拡に関しては常に、バターと銃《ガン》の関係、民需か軍需かの関係で論じられたが、高齢社会では医療費と軍事費の関係で議論がなされよう。そして構造的に軍事費の制約がある程度の強さで出てくるだろうと予測されるのだ。

しかし、高齢社会が不戦構造になるといっても、テロリズムに対して妥協するものではない。それに対してはさまざまな問題解決型連結性（ソリューション・オリエンテッド・シナジー〈SOS〉）で対応していくことになるだろう。それはつまり、二国間、多国間レベルでいろいろな外交努力をし、市民社会やメディアからもあらゆる知恵や工夫を提供してもらい、解決法を模索し、平和裡に問題を解決していく方法を取るということだ。政府には、このような情熱と老練さが以前にも増して求められると思っている。

そして三番めに考えられることは、高齢社会では成長モデルそのものが、少子化対策や両立支援を含むポストモダンなものとなり、そのようなパラダイムシフトが歓迎され、それが不戦の構造を進めることになるかもしれないということである。高齢社会はとかく負のイメージばかりで語られ、あまり歓迎されてはこなかったものの、戦争と平和の関係においては積極的な考え方が取れるのではないかと感じている。

発展パラダイムの切り替え

高齢社会の平和（ジェリアトリックス・ピース）の三番めの理由についてもう少しく

わしく説明してみたいと思う。

これまでの労働力は画一的で同質性の高い形で構成されてきた。これをベースにして発展モデルをつくってきたといっていい。日本は明治維新も、戦後の復興でも、先進国に追いつけ追い越せでやってきたから、この構造が極端に現れる。つまり、標準的な教育を受けた男性中心型の社会がつくられ、家庭はその後背地というか、労働力の再生と修復の場としてのみ認識される。外で仕事をする父親、家で子どもを育てる母親という役割分担をもった典型的な近代家族のスタイルを形成しながら、画一的・効率的な労働力によって、経済発展し大国化していったということができる。画一的集中型、同質的効率化、これは軍隊的な効率のよさを想起させる面もある。

ところが、その発展モデルを追求するなかで、少子化という問題が起こってきた。高齢社会は高齢人口が増えたというだけでなく、少子化を併せた形で進んでいる。これまでの発展パラダイムがどこかおかしいという悲鳴も聞こえている。だから私は、少子化対策として、男女の働き方を見直し、多様な働き方を認め、仕事と子育ての両立支援を強化し、子育て世代の負担軽減を図っていかなければならないという分析・提言をした。

この新しい働き方による発展モデルは、画一的集中型と対極にあるもので、多様性とバランスを重視する社会をつくるなかで発展していくという考え方である。たとえば子どもをもつ母親は労働力の中枢にはなり得ないと考えられていたが、多様な働き方を認め、多様な人材を労働力として遇していく。その多様性のなかから、思わぬ価値、発見、発展を見出していくという考え方だ。そこには発展のパラダイムとして大きな切り替えがある。この新しい発展モデルが、今後二一世紀の社会政策の本質をなしていくものと思われる。この発展モデルは総力戦の概念を生んだ二〇世紀の発展パラダイムの画一的集中型とは対極にある。

こうした労働対策や少子化対策が功を奏して、多少なりとも高齢社会が緩和されたとしても、すでに発展モデルが切り替わっているから、社会の平和は保たれるだろう。

では、この発展モデルで経済を本当に発展させることができるのか。二一世紀は多くの社会が多くの分野で各々のフロンティアに立たされ、そこで問われるのがクリエイティビティ（創造性）である。それは異質なものとの葛藤のなかで生まれるものだろう。したがって労働力のなかに異質の要素をたくさん内包することによって発展が推し進められる。これが二一世紀の最も根本的な条件になる。

それに対して二〇世紀は少数のフロントランナーがいて、目標を示し、画一的同質的な労働力が追いつけ追い越せ型の効率のみを追求する発展プロセスであった。そこには個人の創造性より従順が求められたが、二一世紀はそこが違う。多様性や両立性を求める少子化対策は、単に女性の問題に留まらず、二一世紀型の発展モデルに沿った、社会システムそのものの大きく転換し得るものだと認識されなければならない。

平和と多様性の関係

二一世紀の発展モデルの基礎となる多様性。この多様性をもたらすものは何だろうか。多様な人材を登用するとか、多様な文化を認める、などといったことをまず思うであろう。それももっともだが、さらに決定的なものはないのだろうか。

あるとき、私の友人の生物学者が、多様性の条件として決定的な、とても普遍的で示唆に富んだ深い話をしてくれたことがある。「生物の種が最も多様に存在しているのは熱帯地域だけれど、それはどうしてだと思う?」、友人はとても楽しそうに語り始めた。熱帯地域というのは気候変動の影響を相対的に受けなかった地域である。長期にわたって環境が安定していると多様性が進むのだという。確かに熱帯地域は寒冷地帯や温暖地域に比べると、氷河期などの決定的な変動を受けてはいない。環境が激変するときには、ダーウィンがいうように新たな環境に適したものだけが生き残る。

ダーウィンの進化論、自然淘汰の考え方は適者生存による社会進歩の思想に応用された。二〇世紀の激動期には適者を中心とした画一化によって社会は発展した。軍事への傾斜、総力戦、産業発展は、すべて画一化によって成し遂げられた。しかし平和がもたらされ環境が安定すると、多様性を認める余裕が生まれてきて、多様性を増していく。多様な生き方、多様文化がそれぞれ発展する余地が生まれ、新しい発展モデルも見出されていく。

だから、社会に多様性が生まれる条件としては安定した環境、つまり平和が不可欠なのである。平和があるから多様性があり、多様性のある社会は平和をつくりやすいといえる。

社会環境を激変させる戦争や革命、テロのある地域では多様性は認められず、画一化が進む。日本でも戦争、敗戦という激変期に、画一化した社会が形成されてきたのではないだろうか。アメリカが近代あれだけ多様性を許容する社会を築いたのは、二つの世界大戦において一度も本土を戦場にしなかったからかもしれない。

日本は戦後六〇年、平和を守り通してきて、ようやく多様性を受け入れる余裕に恵まれるようになってきたのではないだろうか。働き方など、多様化戦略をもっと推し進めることで、平和的な発展モデルをつくっていかなければならないと思う。そういう発展の仕方をした国々は、お互いの国の多様性をも認めていくだろう。もし互いに問題が起こったときには、英知を結集して、先に述べた問題解決型連結性（ソリューション・オリエンテッド・シナジー）をかつてない水準で模索し、解決を導き、国際社会としての能力を高めていく、そういう時代になっていくものと思う。

いまは、そのように社会の舵《かじ》取りをするときである。それには非常に大きなエネルギーが必要で、先端を行く人はそのリスクを負うことになるかもしれない。無数の企業人、多くの市民が努力することになるだろう。そしてそれを発信し索引する政治的なリーダーが求められている。いま、国際社会が病んでいることがあるとすれば、リーダーシップの欠如があげられるかもしれない。どの国からどういう形でリーダーが出てくるかを見ているときなのだと思う。そしてそのリーダーは二〇世紀のパラダイムで海図を描くのではなく、二〇世紀とは違う道筋を示してくれなければならない。

グローバリゼーションと格差問題

いま、世界にはグローバリゼーションという環境変化が起こっている。この変化は多様性を失わせてしまうのだろうか。日本のこれまでの文化や慣習、様式や美徳が、グローバル・スタンダードへと標準化されるのではと危惧する意見も多い。私自身も日本の文化を誇りに思い、グローバリゼーションがもたらす負の部分については重大な関心をもち、改善していかなければならないと思う一人である。

しかしここで、まずグローバリゼーションがどういう過程で生まれてきたかに注目してみよう。冷戦が終わり、社会主義的経済圏と資本主義的経済圏との政治的分断から世界は解放され、世界大の自由な交流が可能になった。インターネットの浸透で世界は一つの共同体のように、自由に情報が行き交うようになり、グローバリゼーションというダイナミクスが生まれた。このインターネットのシステムは、実は冷戦期に軍事目的で開発された高度な衛星通信回路が一部の民生に開放されたものである。つまり、グローバリゼーションは大国が戦争をやめ、平和を獲得した後に現れた体制ということができる。グローバリゼーションは戦争の二〇世紀を経て、国際社会が獲得した新しい道だったともいえるのである。

そうはいっても、グローバリゼーションという枠組みのなかで世界の国々は影響を受け、そのなかで競争力を強化して発展するという試練を受けている。日本も例外ではない。そのことによってさまざまな問題も起こっている。しかし、グローバリゼーションを否定して、戦争や分断の時代に逆戻りさせることは、誰も望まないのではないだろうか。この新しいダイナミクスのなかで、問題を一つ一つ解決していくことが重要だ。

その試練の一つに格差問題が指摘されている。確かにグローバリゼーションのなかでは極端な富の偏在を部分的に生み出し、著しく富を得る層と貧困に陥る層ができて、格差が広がることはあるだろう。グローバリゼーションによって、一部のみに勝者を生み出していくという漠然とした不安感も広がった。競争に苦悩する社会の姿や人々をケアしなければならないという議論も出ている。

格差というものを考えたとき、それはしばしば他人との関係性において論じられる。誰かと比較して所得が多いとか少ないとかをみて、自分の貧しさを感じるということがあるかもしれない。そのなかで、人間社会において許されてはならないのは比較の問題を超えて、まず絶対的な貧困を放置することである。たとえば、体調不良で仕事ができない、所得がない人には生活保護を充実する必要がある。あるいは体調はまずまずでも、仕事が見つからないという人には雇用政策をどう強化するかという話になる。とりわけ地方に雇用がないという深刻な問題、これには早急に手を打たなければならないと思う。また、雇用はされているが生活が立ちゆかないほどに低賃金であるなら、最低賃金法の改定や非正規雇用の処遇改善などの対策になっていくだろう。このような、比較ではなく絶対的な水準で解決しなければならない課題がある。

そして、一方で著しく富を得た人に対しては、その富を使ってどういう生き方をするかが問われなければならない。グローバリゼーションの社会で「セレブ」になるということは、自分の専門分野で成功するだけではまったく不十分で、社会貢献活動をいかに行っているかが、かつてないほどに問われてくると思う。その所得に応じて「心のセレブ」として生きる人が多く現れれば、世界的な社会資本が拡大し、社会へと還元される可能性がある。たとえばビル・ゲイツは、アフリカの子どものポリオを撲滅するために、何十カ国のＯＤＡが何十年もかけてやってきたのをはるかに上回る援助を、一気にやってしまった。日本なら大きな地震が起きた、津波の被害が出たというときに、誰かがその富をさし出すことによって、町全体が救われるということもあるだろう。

個人だけでなく、ある企業に富が集中した場合は、本業としての企業活動のほかに社会貢献活動を積極的に行ってもらいたいものである。いまこれをコーポレート・ソーシャル・リスポンシビリティ（ＣＳＲ）と呼んでいる。

そういう社会貢献をしたいが、いまの税制ではなかなか難しいという意見も聞かれる。その対策として寄付税制全般を見直し、集中する富を社会貢献に向かわせる方法を考えてみたい。寄付税制についてはこれまでにも議論があるが、グローバリゼーションによって生み出される富の使い道との観点を強調して議論を展開していきたいと思う。

「貧者の一灯」といって、わずかでも、心のこもった寄進は尊いという考え方がある。長者の万灯より貧者の一灯ともいわれるが、心のこもった長者の万灯をうながす社会風土も築いていかなければならない。

二一世紀の国家や政府の役割、政治の本質的な役割のひとつは、グローバリゼーションの負の部分や、国民が本当に困っているときに、安全装置として機能する、困ったときの拠りどころになることであると思っている。

二つの帽子

職業人としてすべて平等とはいかないのも事実である。社長と平社員では給料が違うし、野球のイチローや松坂とは比較する気にもならないほどの開きがある。所得の源泉である職業社会はヒエラルキー（階層）の世界だ。しかし、人間はもう一つの顔「市民」という顔をもっている。市民はヒエラルキーとは無縁で、どんなに収入の差があっても、地位に差があっても、みんな平等。職業人は定年があるが、市民としては一生現役で、いつまでも市民として誇りをもって生きることができる。

近代化の途上では、追いつけ追い越せの世界になるから、お父さんは職業人として、長時間労働でほとんどの時間を職場で過ごす。お母さんは、市民として地域を中心に生きている。そして、お父さんは定年になると居場所がない、となりがちだった。そうではなく、お父さんも職業人と市民の二つの顔をもったらどうだろうか。これを英語ではツー・ハッツ、二つの帽子をかぶると表現している。定年になったら地域に貢献するという発想ではなく、最初から職業人と市民の二つの帽子をかぶるのである。

週末、あるいは平日の六時以降は「市民」というもう一つの帽子をかぶって、自分はサッカーが好きで上手だからと、地元の小学校で子どもにサッカーを教えてもいい。地域にさまざまなボランティアとして入っていってもいい。それは大企業の重役であろうが、平社員であろうが関係ない。自分の子どもはとっくに大きくなってしまったかもしれないけれど、自分と同じ町に住むほかの家庭の小さな子どもが何を求め、何を大変に思っているのかがリアルにわかる。まさにローカル・ナレッジ（現場の知識）を得ることができるだろう。職場では知りえない地域の姿がみえてくる。それが思わぬところで、有意義な職業人生につながることもあるのだ。

社会貢献というと、どこか遠い国に行って植林などすることと考えがちだが、もちろんそれも有意義ではあるが、もっと身近なところでできることはたくさんある。

テロとの戦い

二〇〇一年の9・11同時多発テロが象徴するように、二一世紀はテロリズムが深刻な問題となっている。私を含め多くの国際政治学者は、国家の形成以来、国家間の戦争を研究してきた。いま、テロ集団をみるとき、国家とは何かが改めて問われてくる。国家は領土をもち慈しむべき国民をもっているために脆弱《ぜいじゃく》であるのに対して、非国家集団であるテロ集団は領土をもたず守るべき国民を有しないため、先制攻撃を思いとどまることもない。だからテロとの戦いは抑止論が通用しない非対象戦争ということになる。テロ集団は慈しむべきものがないから、若者の命も顧みない自爆テロを決行させたり、敵だけでなく同じ国の市民を巻き込む無差別テロを行ったりする。

このような状況に対しては、すべての国に連帯を呼びかけ、非国家的な武装集団に立ち向かい、自爆的な戦いが無意味であることを知らせていかなければならないだろう。武力集団をあきらめさせていく、これが現在の安全保障の大きな課題になっていると思う。

それにしても、テロはどうして起こるのだろうか。最近の戦争は民族や宗教の違いによる、深い根をもった戦争であることは先にも述べた。また、そこへの介入戦争であることも多い。そうした戦争で破壊された地域社会はなかなか再生できず、報復の連鎖がテロという形を生み出しているともいえる。

現在は文明間の相克の時代といわれる。イスラム圏と西欧文化圏の相克もその一つである。イスラム圏の紛争を解決するためとか、テロ国家を正すという「大義」で、他の文明国が入っていくことがあるが、そのときは、その国の文化、文明、尊厳を尊重して、その国自身の力で解決できるようにもっていかなければならない。それにはコンストラクティズムの哲学、つまりその国を構成するものを大切にすることがカギとなる。それぞれの国には構成するもの、要素があって、それは長い歴史をもっている場合が多い。その国や人のやることはその結果で、歴史の積み上げやコンストラクションからは決して自由になれないから、それを軽視して乗り出していくと、結局は発展的な相互作用は生まれないのである。逆に相手の文化を尊重しながら対応すると、その国はある種の自負をもって、自らの国を改革し始める。積極的な行動がその国のなかから内発的に生まれてきて、自己発見し、自らの紛争を解決し、新しい国のあり方をつくり出す。そのようにして新しい秩序ができた国と対等の立場でつき合う、そうして初めて国と国とのさまざまな問題を解決していけるのである。

この内発的な改革力を引き出すということが、外部からの働きかけで最も成功する形であると思う。それを可能にするには、他の文明に対する深い知識と関心が必要だ。いま日本は、その引き出し役になれるかどうか、そして異文化、異文明をもつ国々と、新しい建設的な、有意な関係性を築く旗手になれるかどうかが問われている。

その第一歩として、私は若い人たちへの教育支援、芸術・文化支援などができたらよいと思っている。学芸、芸術のなかには、常にその社会の制約要因を乗り越え、新しい文化を追求する姿があるから、そこを支援したい。そうすれば若者は支援してもらうに足る文化をもっているかと己に問い、その文化創造のために邁進してくれるのではないか。そこから生まれたものを肯定的に評価することで、その国の肯定感（肯定されているという安心感）の育成につながっていくのではないだろうか。

このことは子どもの教育にも通じることだと思う。最近の教育は、これとは反対のことが行われているように思えてならない。何ができるかではなく、何ができないかを発見し、そこを強化するような教育。そのなかでは、子どもは保身的になり、引きこもりや、社会に出ても内面には立ち入らせないような行動をとってしまうのだろう。子どもに肯定感を与えることによって、子どもが自己を発見し、内発的に自己を高め発展させるエネルギーを生み出すことができるようにする。そのことこそが大切なのではないだろうか。

二一世紀はアジアの時代

一九世紀はパックス・ブリタニカ、二〇世紀はパックス・アメリカーナの時代、そして二一世紀はアジアの時代といわれている。パックスというのはラテン語で平和とか秩序を表す言葉である。秩序と平和は語源的には同義語だということで、要するに秩序ある状態が平和であり、無秩序になると暴力と無法の地となることを意味している。一九世紀は大英帝国が世界の覇者となって秩序をつくり、二〇世紀はアメリカがそれに代わったのだが、そのような秩序は必ずしも長期の平和をもたらしたわけではない。

二一世紀はアジアの世紀だというが、アジアは世界の秩序と平和を築くことができるのだろうか。アジアは広域の概念で、多民族が暮らし各国の展段階も多様、宗教もさまざまである。だからこそ多様性を認め、そのバランス感覚やネットワークが大事になる。各国はそれを理解し、アジア独自の秩序概念や平和概念をつくり出し、アジアの平和を推進していくことは、世界全体の平和を推進していくのだという認識を、まず何よりもアジアの主要国が共有し、世界に発信していくことが重要だ。

アジアのなかでも中国やインドはめざましい経済発展を遂げている。格差があるとはいえ、貧困を克服しつつあり、貧困を自ら解決する能力をもつようになったといえるだろう。アジアの一員であり、隣人である日本として、それらの国と友好な関係を築くことも、二一世紀の大きな課題になっている。中国とは歴史的な問題があるが、「真実」を語り合うことで和解を目指していきたい。またいま、中国が貧困から脱却し、経済面においてアジアにおける本質的な問題解決者として存在していることを評価し、対等な関係を築きながら対話していくことが必要だろう。日中両国の未来志向性を表す考え方として、戦略的互恵関係の概念が重視されるようになりつつある。英語では win-win の関係と表現されるように、相手の利益が自分の損失というゼロサム（zero-sum）とは正反対の概念で、合理的、実践的、長期的で知的な考え方である。すなわち日中両国は将来にわたり、二国関係においても国際社会においても互恵協力を広く発展させ、そのなかでそれぞれの懸案事項を解決し、共通利益を拡大しつつ、アジアの安定と発展に積極的にかかわるという考え方である。日中はいずれも大国なので、各種の複雑な課題を抱えている。そのため、ギブ・アンド・テイクの複雑な計算を広範な課題群のなかで行う余地も発見できよう。大国であるがゆえに両国が互いに協力し合えば、平和と発展のためにできることも大きい。

これまでの歴史をみると、アジアは世界システムのなかで常にヨーロッパに起こったことが遅れて届くという経験をしてきた。しかもそれが激化する形で届いている。たとえば冷戦はベルリンの壁で始まったが、アジアには朝鮮戦争やベトナム戦争として激化した形でもたらされた。これは世界システムの歴史におけるアジアの立ち位置というか、運命、宿命のようなものであり、政治的な距離を旅して、ヨーロッパの激震が伝わってくるというようなところがあった。ここからいかに脱却するか。

三章の「戦争と平和を考える」のなかで、経済上昇期は戦争の危険性を構造的にはらんでいると述べた。経済成長を遂げているアジアの国々が、成長の果実を戦争に振り向けるのではなく、建設的なものに使うことで戦争を回避する、ヨーロッパにできなかったことをアジアが実現し、アジアが新しい歴史を切り開いていく。アジア地域で絶対に戦争を起こさない、平和を築いていくのだという決意を固めたいと思う。その試金石となっているのが六カ国協議である。ロカルノ条約（一九二五年に成立したヨーロッパ諸国間の協定の総称）が失敗したヨーロッパに対して、地域的な集団安全保障がはじめて成功するかどうかが問われている。ロカルノ条約は敵国ドイツを含む条約であったが、結局ナチスを阻むことができず、第二次世界大戦を防げなかった。六カ国協議もいわば対立国、北朝鮮を含む体制である。北朝鮮の核施設問題の解決に成功すれば、今後東アジアにて潜在的対立国を含めた地域的な安全保障のモデルができることになる。二〇世紀のヨーロッパができなかったことを、アジアが可能にする。そういう自負をもって、この六カ国協議を成功させていかなければならないと思っている。

もう一つ、アジアを取り巻く重要な国際会議に、バンドン会議がある。いまから五〇年以上前、一九五五年四月にインドネシアのバンドンで行われた第一回アジア・アフリカ会議である。その会議には、誰もが名前は知っている、いまや伝説的な非同盟の運動の英雄、たとえば、インドのネール首相、エジプトのナセル大統領、ユーゴスラビアのチトー大統領、そういう人たちが一堂に会して、大国に屈しない、第三の道、非同盟の道を行くこと、反帝国主義、反植民地主義、民族自決の精神をうたい、世界平和と協力の推進を高らかに宣言したのである。六四年に第二回会議をアルジェリアで開くことが決まっていたが、クーデターなどで開かれず、事実上は無期限延期状態になっていた。しかし、第一回会議からちょうど五〇年後の二〇〇五年にバンドン会議五〇周年を記念する式典が、同じバンドンでアジア・アフリカの首脳を集めて開かれ、今後、四年に一度の首脳会談の開催を決めた。この会議が、今後のアジアに留まらずアフリカ諸国をも含めて、世界平和の推進に力を発揮してくれることを期待する。

排除しない、含まれるということ

私の恩師、ラセット教授は民主主義国間の不戦構造、つまり、お互いの国が民主主義国なら戦争はほとんど起こらないことを、過去のデータをもとに実証的に示した。民主主義は基本的人権である自由、平等を基本原理とし、複数政党制のもと、自由で秘密の選挙が保証され、それで選ばれた人たちにより、多くの人の意見が反映された政治が行われる。言論・結社の自由も保証されている。このような民主主義には非暴力的な問題解決法が内在するから、お互いが民主主義国であれば、非暴力的な問題解決法をもつ国として尊重し合い、かつお互いにその解決法を適用して努力するから、戦争にならないだろうと分析されている。

また民主主義については、飢餓をも回避する力があることを、インド出身のノーベル経済学者のアマルティア・センがその著書『貧困と飢饉』(岩波書店)で指摘していて興味深い。飢餓は飢饉によって食糧が不足するときなど、貧困の状況で起こると想像しやすいが、その状況でいつも同じように起こるわけではないという。人口の多いインドでは歴史を通じて何度も飢饉に見舞われてきたが、一九四七年に独立して民主主義国になってからは飢餓に陥ることはなくなった。相変わらず貧しい状態があったにもかかわらずだという。つまり民主主義国においては、貧困はあっても飢餓は発生しないということを示唆している。民主主義国では困窮の状況をいち早く察知し、国民の命や基本的人権を守るように、国が対策を立てるからではないかと考えられる。非民主主義国家では一部の人の利益のみが守られ、多くの人々が飢餓で苦しみ命を落とすことになっても、それが放置されてしまうこともあるのだろう。そういう幾多の例を歴史が教えてくれている。

民主主義にはこのように優れた面がたくさんあるから、世界の国々の民主化支援は続けていかなければならないと思う。しかし、それは先に述べたように押し付けではなく、その国の方法で、自らの国が発見して進めていくものでなければならない。

次に二〇世紀の民主主義をもう少し進めて、二一世紀の成熟した民主主義を考えてみたい。いまの日本では、法のもとでの人権遵守、法のもとでの自由・平等は、実現しているといってよいし、飢餓や絶対的貧困という社会政策の失敗はまぬがれている。しかし一方で、平等である個人は必ずしも相互に連結しているわけではなく、分断され、自分の問題は自己責任で解決せよという風潮になっているのではないだろうか。個々の問題を自分のなかで抱え込み、多くのつながりのなかで解決してもらえるという信頼も期待もないのではないか。成熟した民主主義はそうではない。個々の問題を社会的なつながりのなかで解決する。そのためには、個々が声をあげる勇気も努力もいるのだが、その声が届くところにいろいろな社会的なつながりがあることが重要だ。結局すべての人は問題解決する場にインクルードされていなければならない。

インクルージョン、つまり、誰も排除されてはならず、含まれていなければならない。そういう「包括性の哲学」が必要なのだと思う。

インクルージョンは、障害をもつ人も社会のなかで普通に生活していくことができるようにという考えのなかで使われることが多いが、障害の有無にかかわらず誰にでもいえることである。いろいろな問題を抱えていて、分断され疎外されている人がいるなら、誰であっても排除しない、すべての人が含まれているインクルーシブな社会にすることが大切だ。

異質なものも排除せず、みなが含まれ共存できる社会と多様性を認める精神は、平和につながるものでもある。平和の地平を見つめ思索し、耕す人として歩み続けたい、思えばいつもそう思って生きてきた半生だったような気さえするのである。

あとがきにかえて――私からみた妻・猪口邦子について

猪口邦子が軍縮大使になるとき、夫である私の口から自然に出た言葉は「この日のために生まれてきたと思って、がんばってみろよ」だった。本当に、そう思ったのである。まさか、という感じをもたれた方も、本書を読めばうなずいてもらえるのではないだろうか。

三〇年あまり、生活のなかで妻を観察してきた実感は、まずなんと言っても、猪口邦子は「ひたむき」に仕事に向かう、ということである。一〇歳のときに異郷の地で英語の生活に投げ込まれてやったことは、わからない言葉はすべて和英対照で何回も書き、覚えることだったという。私は二六歳ではじめて留学したとき、あまりにも英語がわからなくて似たようなことを短期間実践したが、いまでも残してある彼女の膨大な単語帳には、およびもつかないものである。

まだ三〇歳代のころ、外国の学会で論文を発表する前の晩は、ホテルのバスルームに入ったきり、鏡に向かって練習していた。鏡に向かうと自分の表情もわかるし、姿勢もよくなるという。とにかく納得がいくまで練習し、完璧を期す。なかなか出てこないのにはまいったが、翌日の発表はパーフェクトだった。

次に気づくことは、彼女が社会的弱者に向ける温かい視線である。それも、経験的なデータを基礎にして、現場での多くの観察を重ねることによって一歩一歩目標に近づこうとする。少子化大臣だったときに地方巡業を重ねたが、子どもの一次預かり施設訪問などでも、どのようにしたら現在の状況を改善できるか、という視点で討議する。そして、目標を達成できると、すごく喜ぶ。こんなに喜ぶ人は、あまりいなくなったのではないかと思うくらいの喜び方である。

また、礼節をわきまえることに意を尽くす。とにかく常に丁寧な言葉、まめな手紙と電話、それに正しい姿勢は、見習うべきといつも思いながら、私自身はなかなかできずにいる。

こう書くと、自分の妻をほめてばかり！　という声が聞こえないでもないが、私が言いたいのは、冒頭にあげた「この日のために生まれてきたと思って、がんばってみろよ」という文句は、自然に出てきただけでなく、意外に適切だったのではないか、ということである。「ひたむき」「社会的弱者への温かい視線」「礼節を重んじる」などで総括すると、反発を覚える人もいるだろう。また、彼女とは対極にある「猪突猛進」「叱咤激励」「蛮勇」を実践しているのではないかと、時々反省している夫としては、違和感がなくもない。しかし、少し距離をとって考えてみると、いま日本社会で最も必要とされているのは、もしかしたらこれら三つの徳目、つまりひたむきさや社会的弱者への共感、礼節ではないかという気がしないでもない。

私はこの数年、アジア二九カ国（日本からモルディブ、トルクメニスタンからフィリピン、モンゴルからバングラデシュ、アフガニスタンからインドネシアまで）を対象に、アジアの普通の人々の日常生活を調べる世論調査をしている。そのなかに「子どもに身につけてほしい徳目は?」という質問があるのだが、「思いやり」をあげる人が日本では六割を超え、自立心、勤勉、正直、尊敬などをあげる人は、近隣の韓国や中国、ベトナムなどと比べひどく少ない。自立は容易なことではないのに、これを強調しないのはなぜか。勤勉なくして業ならずなのに、なぜ「勤勉」はウザイことになるのか。正直どころか、嘘も方便という風潮がまかりとおっていないか、年長者への尊敬は、消滅していないか。「他人に優しく」という答えが増えているのは喜ばしいことだが、「自立心」や「正直」が十分に伴わないことが、気になっている。

日本社会の未来は、若い人のものである。高齢者が増えてきているので、若者はこれから本当に大変だと思う。本書で語られた猪口邦子の前半生が、いくらかでも若い人の糧《かて》となり、励みとなれば、とひそかに思っている。

小石川の寓居で　　　　　　　　猪口　孝

猪口　邦子（いのぐち・くにこ）

1952年千葉県生まれ。上智大学外国語学部を卒業後、米国エール大学大学院で政治学博士号（Ph.D.）取得。上智大学法学部教授、軍縮会議日本政府代表部特命全権大使、軍縮会議（ジュネーブ）議長、国連第一回小型武器中間会合議長などを歴任。2005年より衆議院議員。元少子化・男女共同参画担当大臣。現在は、自由民主党国際局局長代理。著書に『ポスト覇権システムと日本の選択』（筑摩書房）、『戦争と平和』（吉野作造賞受賞、東京大学出版会）、『戦略的平和思考』（NTT出版）等。共著、翻訳、監修などに『世界を読む Book review 1990』『政治学のすすめ』（ともに筑摩書房）、『第二次世界大戦人名事典』（原書房）、『政治学事典』（弘文堂）、『写真が語る第一次世界大戦』『写真が語る第二次世界大戦』（あすなろ書房）、『猪口さん、なぜ少子化が問題なのですか？』（ディスカヴァー・トゥエンティワン）等。公式サイト：http://www.kunikoinoguchi.jp

くにこism《イズム》

2007年11月29日　初版第1刷発行

著　者　猪口邦子
発行者　西村正徳
発行所　西村書店
東京出版編集部　〒102-0071 東京都千代田区富士見2-4-6
Tel.03-3239-7671　Fax.03-3239-7622
www.nishimurashoten.co.jp

印刷・製本　中央精版印刷

© Kuniko Inoguchi 2007
本書の内容を無断で複写・複製・転載すると，著作権および出版権の侵害となることがありますのでご注意下さい。
ISBN978-4-89013-616-2

トンボとエダマメ論
何が夢をかなえるのか

▼猪口　孝　著

夢中になれるものを見つければ、必ず道がひらける！みんなに元気の芽を与える応援歌。

●B6変型判・二二二頁　◆1000円

『日本改革メソッド』日本人の心に積もった汚れを落とせ！

日本の洗濯
考えるエッセンス

黒川　清／板垣雄三／猪口　孝／田辺　功　著

●B6変型判・二四八頁　◆1000円

頭のコリをほぐすための「自分で考える」コツがぎっしり詰まった一冊。

患者さんへの熱意から生まれた〈効く〉治療法！

お医者さんも知らない治療法教えます
田辺　功　著

●B6変型判・二五六頁　◆1365円

糖尿病は自分でも治せる。がん治療はあきらめないで。画像で見えるうつ病など、ベテラン医療記者が紹介。

かしこい患者力
よい病院と医者選び11の心得

田辺　功　著

●B6変型判・二五六頁　◆1000円

病気になった時に医師や病院と上手に付き合い、「賢い」患者になる知恵満載！医療過誤問題等もわかりやすく解説。

今からでも遅くない

病気にならない健康生活スタイル

徳田　安春／岸本暢将／星　哲哉　著

●B6変型判・二五六頁　◆1000円

健康で美しく元気に生きるための秘訣を現役の医師がアドバイス。0歳からでも100歳からでもできる！

医療が悲鳴をあげている
あなたの命はどうなるか

表紙は仮

近藤喜代太郎　著

●B6変型判・二四八頁　◆1000円

妊婦たらいまわし事件の根本はここにある！　医師、看護師らが病院を去っていく現状に警鐘を鳴らす。

Dr.福島の40才からの頭の健康診断

脳ドック　最新版
人間ドックだけでは足りない

福島孝徳／田辺　功　著

●四六判・二三八頁　◆1575円

「ラストホープ」と呼ばれるドクター福島のアドバイス。脳ドックのすべてがわかる一冊。最新の全国病院リスト付。